成长也是一种美好

曾乔 —————— 著

资本成长论

企业成长与资本经营

人民邮电出版社
北京

图书在版编目（CIP）数据

资本成长论 ：企业成长与资本经营 / 曾乔著. -- 北京 ：人民邮电出版社，2021.6
ISBN 978-7-115-56262-3

Ⅰ. ①资… Ⅱ. ①曾… Ⅲ. ①企业管理－资本经营－研究 Ⅳ. ①F275.6

中国版本图书馆CIP数据核字(2021)第055470号

◆ 著　曾　乔
责任编辑　张渝涓
责任印制　周昇亮
◆人民邮电出版社出版发行　北京市丰台区成寿寺路 11 号
邮编 100164　电子邮件 315@ptpress.com.cn
网址 https://www.ptpress.com.cn
三河市中晟雅豪印务有限公司印刷
◆开本：880×1230　1/32
印张：9　2021 年 6 月第 1 版
字数：280 千字　2021 年 6 月河北第 1 次印刷

定　价：68.00 元

读者服务热线：（010）81055522　印装质量热线：（010）81055316
反盗版热线：（010）81055315
广告经营许可证：京东市监广登字20170147号

赞 誉

在过去 17 年的实践中，东方港湾只投资两类企业——世界改变不了的和改变世界的。曾乔先生的这本《资本成长论》用非常生动的案例阐述了“改变世界的伟大公司”的成长轨迹，其中闪现的智慧火花也为我们带来了深度思考，进而有可能提高我们的投资能力！

——但 斌

东方港湾投资董事长

资本经营是企业成长过程中的重要话题，甚至是企业经营过程中的高阶话题，上市前很重要，上市后更重要。我与本书作者相识多年，此书对于资本经营这个问题以独特的视角做了系统阐述，深入浅出，值得正在思考如何借力资本市场的企业经营者深入一读。

——丁彦辉

艾比森董事长

在中国资本市场迅猛发展和A股注册制逐步落地的背景下，企业价值的体现已不仅仅局限于业务和产品的经营成长，资本的经营同样重要。《资本成长论》总结了作者长期以来对成长性企业产融互动体系的认知，系统地诠释了企业资本经营的方法论，给企业开展资本经营既指明了方向，又提供了具体可落地的实操案例，值得一读！

——黎活明

传智教育董事长

在这个巨变的时代，产业发展和资本成长及其互动逻辑都发生了深刻的变化，过往的理论和经验经受着巨大的挑战。如何洞察这种变化的底层逻辑和规律，把握时代机遇，实现企业的产业梦想，是所有企业家都在探究的命题。本书以众多鲜活的案例和深度分析，给我们指明了一条让企业“赚钱”、更让企业“值钱”的路线，极具现实意义和实践性。读了这本书，我发现了自己以往的盲点，对汉威科技的发展有了很多新想法。

——任红军

汉威科技董事长

上市公司与非上市公司之所以存在差别，关键在于能否用好资本市场。而资本工作要做好，首先要有正确的资本认识，这是发育资本能力、积累资本经验、完善资本运营体系的前提。《资本成长论》一书，对于建立正确的资本认识、树立正确的市值观，进行了系统、客观的叙述，值得相关从业者细细品读。

——吴建华

新安化工董事长

初识曾乔是 2014 年的秋天，他与王明夫先生参与了荃银高科战略规划项目，那时我对他的印象还不太深，只记得是个清秀的小伙子。5 年后，荃银高科业务拓展，急需再次优化战略，曾乔是荃银战略优化的操刀人。曾乔分析问题的透彻性、对资本市场及企业产融发展模式的独到见解，让我印象深刻。资本市场在不断变化，经营业态在不断升级，《资本成长论》给企业经营者上了很好的一课。如何让企业“赚钱”变成让企业“值钱”，值得每位企业经营者认真思考。

——张 琴

荃银高科总经理

推荐序

资本市场趋势与企业的兴衰

自 1990 年上海证券交易所和深圳证券交易所相继成立，至今已过去 30 年。未来 30 年资本市场会如何发展，事关经济发展和企业兴衰。未来 5 年是重要的“十四五”时期，我认为资本市场将呈现以下 7 个趋势。

趋势一：注册制全面铺开，大量企业上市

这至少意味着两点：一是各行各业会开启上市赛跑，同行业里，如果竞争对手先跑上去而我们自己没有跑上去，就会落入竞争的下风；二是上市公司越来越多，企业上市之后容易被淹没、被边缘化，可能市值很低，融资空间受限制，流动性也没有，上市的意义好像也不大。

趋势二：退市常态化

根据新法规，上市公司会因各种原因而退市，比如因财务结果不符合维持上市的标准而退市（财务退市）；因违纪违规而退市（规范类退市）；因股价长期低于 1 元而退市（面值退市）。

退市的压力有利于企业并购和行业整合。企业上市之后发现，要维持不退市，压力也很大；经营一段时间之后，大家干脆别竞争了，合并起来一起做，加速行业整合。

凭经验推测，由此引发的并购浪潮将会滞后于 IPO 浪潮 2～5 年。“十四五”期间，上市公司合并上市公司会更为普遍，即合并各方都是上市公司，财务规范、公司治理、表决机制都标准化、透明化，操作起来比非上市公司要方便，估值、定价也有市场价格做参照，各方更容易接受。所以，退市常态化会推动公司并购和行业整合。

趋势三：“A 控 A”现象频发

按现行规定，一家上市公司可以把下属的、与主业关联性不大的业务分拆上市。一旦分拆，独立 IPO，原来的上市公司就变成它的控股股东，出现“A 控 A”的现象。这样，一家 A 股公司通过收购的方式控股另一家 A 股公司，会成为经常发生的正常现象。这对中国的商业竞争和产业演变会产生很重要的影响。

趋势四：开放和全球化

现在，通过陆港通，全球资本可以很自由地购买中国 A 股市场上的股票。购买中国 A 股市场股票的不仅有国内的股民和投资机构，还有全球的股民和投资机构。随着中国企业的持续发展，A 股将越来越成为全球投资者的重要资产配置。

由此，国际成熟市场的投资理念和估值体系将会深刻地影响 A 股市场的估值分化，对应的就是世界货币政策、利率、汇率及国际金融市场的波动，对 A 股的影响也会日益明显和直接。

现在，全球各国的企业尤其是科技企业大多选择去纽约上市，但在将来，世界各国的企业也会选择来中国上市，中国的资本市场将变成全球化的市场。

趋势五：市场越来越规范

资本市场将越来越规范。新的《证券法》规定，几乎所有的行政处罚，都上升一个数量级，处罚力度上升 5 ～ 10 倍不等。在刑事处罚方面，欺诈发行者最高的，可判 15 年徒刑，而且所募集的资金原路退回；操纵市场和老鼠仓违法所得 100 万元以上，相关责任人就可以被判刑；内幕交易所得 15 万元以上，相关责任人就可以被判刑。在民事赔偿方面，新的《证券法》规定了一种集团诉讼，即默认加入，明示退出。因此，整个“十四五”期间，将开启新《证券法》治理下的资本市场越来越规范的时代。可以肯定，中国资本市场的规范化和公开公平公正性会进一步提高。

趋势六：估值冰火两重天

“十四五”时期，拥有以下两个特点的公司将会获得高估值。一是科技含量高。科技含量高的公司哪怕盈利状况不太理想都会获得高估值，市盈率可以很高。2020 年，中国股市已经呈现一个显著特点，那就是二级市场的估值 VC 化甚至天使化。这个特点在未来几年还会继续。二是行业集中。各行业的头部公司不断提高市场占有率，形成领先优势、规模经济和品牌效应，最终成为行业蓝筹。

对企业来讲，要想获得高估值，主要有两个方向：一是在研发上进行投入和突破，提高自身的科技含量；二是集中市场份额变成头部公司。否则，企业很容易淹没在资本市场的芸芸众生里，被市场边缘化。

趋势七：上市公司的分布形态呈金字塔状

按市值排位，中国的 4000 多家上市公司，呈现一个明显的金字塔状：金字塔塔尖的大市值公司数量很少，金字塔腰部是中型公司，底部是大量的小市值公司。这个趋势在“十四五”期间会进一步强化。

截至 2020 年 9 月，在 4000 多家上市公司中，市值超过 1000 亿元的上市公司只有 109 家，市值在 500 亿～1000 亿元的公司只有 138 家。市值在 300 亿～500 亿元之间的上市公司有 200 家左右。市值在 50 亿～300 亿元之间的上市公司约 1800 家。近半数上市公司的市值都在 50 亿元以下。少数大公司占据多数市值，多数上市公司累加起来占少数市值。这种趋势，在美股中更显极端。美股的少数几家大公司占有 80% 的市值，过去 4 年，华尔街股市持续创新高，实际上主要是五六家公司的股票在涨，如苹果、微软、亚马逊、谷歌、Facebook、特斯拉，其他的绝大多数股票都不涨。这种趋势以后在沪深两市也可能会出现。

以上这 7 个趋势发生的背后有一个大前提：中国的金融体系在转轨。金融体系有两种：一种是间接融资体系，以银行体系为主；一种是直接融资体系，以资本市场为主。中国正在从间接融资体系转向直接融资体系。在间接融资体系下，企业要扩张、要增长，必须与银行保持很好的关系；在直接融资体系下，企业的发展要擅长利用资本市场，银行变得没有以前那么重要了。企业要擅长利用资本市场，展开各种资本运作，才可以构建起资金与企业之间的良性循环，赢得企业的发展。

总的来讲，企业家要注意到，“十四五”时期中国资本市场的“两个大”和“两个没有”。

所谓“两个大”，就是大量公司上市和大量资金涌入。整个中国资本市场的容量和活跃度会大幅提升，出现“水大鱼大”的现象。截至 2020 年年底，中国市场的证券化率是 60% 左右，美国的证券化率是 120% ～ 160%，中国的证券化率会继续提高。

所谓“两个没有”，就是我们从来没有像今天这样需要资本市场；我们从来没有像今天这样重视资本市场。在这种大形势下，资本市场进入新时代，资本市场对企业的生存和发展越来越重要。中国的企业家、实业家要尽快建立起与资本市场新时代相适应的资本思维，构建起产融互动的发展战略。正如巴菲特所言，一位优秀的企业家应该像投资家那样思考问题。很多企业家比较重视产业，资本意识比较淡薄，也缺乏这方面的人才和团队。如果不能把资本维度补上去，构建起产业和资本良性循环的互动关系，那么在发展上势必会陷入弱势状态。

曾乔是我的弟子，在和君多年，长期从事与上市公司资本运作相关的咨询工作，深得和君咨询多年上市公司资本经营理念的熏陶。此书是他对资本市场的一线洞察和研判，值得希望在资本市场上踏浪前行的企业家一读。

是为序。

王明夫　博士
和君集团董事长、和君商学院院长
2021 年 2 月 2 日于和君教育小镇

自 序

从大学毕业到当今的十多年的职业生涯，我只做了一件事，就是为成长性企业提供战略与资本的咨询服务。

回想起来，10 多年来，国内的资本市场发生了巨大的变化，我遇到的最多的问题是：有的企业很赚钱，但是不值钱。最近两年，很多企业在这方面的问题尤为明显。

这到底是为什么呢？

似乎我整个工作经历与经验积累，都是为了回答这个问题。

国内企业的经营管理架构，其实大多是围绕业务逻辑与产品逻辑展开的，比如管理有首席执行官（Chief Executive Officer，CEO）、总裁或总经理，研发有首席技术官（Chief Technology Officer，CTO），财务管理有首席财务官（Chief Financial Officer，CFO），营销有首席营销官（Chief Marketing Officer，CMO）等，基于企业经营维度下的管理体系相对比较完备。这套围绕西方管理学体系建立起来的传统科班管理架构，确保了业务经营得以顺利开展。

但是在实践过程中，尤其是在一些规模比较大的行业中，许多人都发现了一个比较明显的问题：虽然业务经营、短期考核、业绩达成、业务流程都有人管，甚至管得很好，但是整个企业的价值极有可能是衰减的……

究其背后的原因，可能是产业周期进入了不同阶段，产业竞争的实质在发生变革，生意品质开始出现变化。一言以蔽之，在当前以 CEO 为核心的管理体系下，有些事情似乎被忽略了。

我认为，在基于传统逻辑的产品经营组织体系下，至少有以下几个问题容易被忽略。

一是产业结构问题：应该何时进入或退出某个产业？这个产业在什么时候进入或退出，资本收益最划算？如何进入或退出？

二是资本结构问题：某些资产在二级市场值钱，还是在一级市场值钱？是分拆独立发展值钱，还是打包一起上市值钱？

三是战略问题：长期战略选择是否有价值？资本市场如何看待长期战略选择？从长期来看，企业所开展的业务是不是一门赚钱且值钱的生意？企业的核心竞争力如何体现？能否长期轻松盈利？在我看来，95% 的企业战略是业务竞争战略。

四是资本的增量机会与资源问题：下一轮牛市能够带来怎样的新的战略机会（这个观点将在一定程度上挑战企业经营者的智慧）？是什么样的资本机会？是否有举牌竞争对手的机会？

五是资本风险问题：企业资本是否存在重大风险？是否有被举牌的风险、质押爆仓的风险？股权结构是否合理？公司治理是否会影响公司资本价值？

……

实际上，问题不止这些，但以上几个问题尤为突出。

为什么这些问题现在变得极为重要，以前却不为人所感知？其中一个重要的原因是，过去十几年中国资本市场的迅猛发展及2020年资本市场注册制的落地。过去20年，A股证券化率年化增长超过20%，作为80万亿元级别的全球第二大资本市场，对企业的经营模式产生了深刻的影响。

其本质在于：企业价值的定价权逻辑（值钱的逻辑）发生了变化。

很多人认为，这些工作都是董事会秘书[①]和CFO的分内之事。但是在我接触的上百家A股上市公司中，真正能够系统架构与操盘企业资本价值的董秘和CFO少之又少。大多数董秘停留在具体的资本工具执行与监管合规、三会事务层面上开展工作。

在大多数A股公司内部，其实并没有一个系统性的管理岗位，能够对“企业价值”进行管理，至少我过去10多年接触过的上百家上市公司的真实情况是这样的。但所有心怀产业理想的企业，都需要这个角色——首席资本官（Chief Capital Officer，CCO），这一职位显然在传统意义的董秘或CFO之上。高段位的董秘可以发挥CCO的职能，但CCO肯定不仅限于董秘的职能。

这些企业都需要一个优化的管理架构和明确的管理角色，以

① 简称“董秘”，是上市公司高级管理人员，由董事会聘任并对董事会负责，是上市公司与证券交易所之间的指定联络人。——编者注

便统筹其“企业价值”问题。相较于以产品业务经营为核心的管理职能，CCO 不再局限于证券事务处理、资本工具运用以及投资并购，而更注重对应的价值管理职能发挥。CEO 除了要管业务，更应该管“价值”，但大多数 CEO 在价值理解方面的实操能力偏弱。这和中国职业经理人过去 10 年的发展环境息息相关，A 股的资本市场牛态变化速度太快，大多数职业经理人的成长基于业务逻辑而非业务与资本相互影响的逻辑。

那么，CCO 到底管哪些问题呢？大体来说，我认为有以下 9 个方面。

第一，产业机会选择：基于产业周期与产业价值思考业务布局问题、战略进入与退出问题、产业的估值问题。

第二，业务结构优化：现金流业务、高估值业务、高潜力业务的匹配是否合理？现金流与资本开支是否匹配？

第三，基于市值成长的战略规划设计。

第四，基于战略开展的资本顶层设计。

第五，资本配置与结构优化。

第六，资本品牌构建。

第七，资本工具的应用与实操。

第八，资本体系的激励架构设计。

第九，资本风险管控。

从本质上讲，“管资本”是管理企业自身的定价权。企业值多少钱？能否说服资本市场？能否给资本市场以证明？是否有长期思考？能否倒逼业务成长？这些都是“管资本”应该管的问题。

这些问题最终会体现在 KPI 上，是围绕企业价值主动管理自身的长期“市盈率”，对应业务管理架构管理利润与业绩。相比之下，业务管理所对应的产品市场中的客户就是终端消费者，而“管资本”对应的则是资本市场的“客户”，即机构投资者、投行中介、银行等。两者相辅相成，相互影响，便呈现为企业的长期市值最大化，即“值钱”。

残酷地讲，从“赚钱”到“值钱”越来越不是一个线性的因果关系。对于一些企业而言，这个过程甚至不亚于二次创业，甚至是凤凰涅槃。但无人可再选择视而不见，因为每一个人都身处注册制的大潮之中。

面对复杂的资本市场与稍纵即逝的成长机会，企业家面临的是经营能力的系统升级要求，即从过去纯粹意义上的产品经营逐步转向产品与资本共同驱动成长的经营，进而以更加宏观与产业化的视角看待企业的成长。

这个过程，就是企业家的“资本格局观”不断成熟的过程。

所谓“资本格局观”，具体是指在企业的成长过程中，企业家客观、全面、理性、系统地认识资本市场，并利用资本市场推动企业成长的一套方法论体系。

具体而言，资本格局观包括以下 3 个方面。

一是正确的资本思维认知。资本经营是正道正业，既不是妖魔鬼怪，也不是速成套利，更不是仅关乎创业者的个人身价。资本成长是实业成长的一部分，是企业扎实成长的另一条腿。

二是全面的资本运作体系。资本经营不是一招一式的“技巧”，不是灵光乍现或碎片化的点子式的简单工具，而是围绕企业战略实施的体系化、全域化的系统性能力建设，是企业战略成长的重要保障。

三是持续性的资本人力建设。资本经营不是企业家一个人的思维发散，也不仅仅是某个人的资源或人际关系，而是一个团队、一套班子基于正确、全面的方法论进行组织配合。

资本能力不是一招一式，而是一种组织能力、一套管理体系。最近 10 年，资本市场在取得极大发展的同时，也为企业家的经营能力与组织的体系建设带来了巨大的挑战。企业家内在经营认识的系统升级，是企业成长过程中的关键一跃。企业家不仅需要对资本有精准、充分的理解与认识，而且需要具备具体、实际的落地能力与操盘能力，并依靠相应的人才与团队完成企业资本经营能力的升级。

10 多年来，从理论到实践，再从实践回归方法论体系，我一直致力于如何利用资本市场助力企业成长。本书是我对自己 10 多年来从业经验的一次系统总结，也是对我长期耕耘于资本市场与企业成长实践的一次系统思考。希望本书能够给正在经历成长变革的各位创业者与企业家带来关于企业资本市场价值的新思考、新视野，并帮助各位将其中的思路与经营实操相结合，在资本市场的波动中实现企业的持续成长。

最后，我要感谢家人的默默支持，感谢客户给予我的实践探索机会，感谢君为科技的同事与我一路同行。

是为序。

曾 乔

2020 年 11 月 16 日雨夜于家中

目 录

导读

资本成长逻辑下的创业 2.0 时代

最近几年，因为资本市场的成熟，创业变得和以前大为不同。

在 10 多年战略与资本的咨询工作经历中，我看了不少项目，它们的结果成败参半。其中一个项目给我留下了深刻的印象，并非因为它有多么成功（它至今仍在征途中），而是因为它的创业路径与背后的深层逻辑，堪称当前创业者与创业市场脉络的典型代表。

步入创业 2.0 时代

这是一位连续创业者，江浙地区人，思维敏捷、业务能力强，深耕物流行业 20 多年，以互联网技术见长，算是物流行业的技术“老鸟”。他的简历相当光鲜亮丽，迄今为止，他参与过 3 家物流行业独角兽级别公司的创立与运营。

在目前的就业环境下，拥有这种履历的人，至少能成为年薪百万的高管。但他偏偏“不安分”，喜欢“折腾”，希望凭借自己多年的经验和资源的积累，在物流科技行业继续创业。用他自己的话说，他想要从头再做一个百亿元级别的事业。

他新创业的方向很有意思。基于多年来对现代物流科技行业的理解，他发现，中国目前的物流效率仍有很大的提升空间。效率提升最有效的路径之一是降低物流成本，主要包括以下 4 种方式：第一，提升物流后市场业务相关的增值服务；第二，降低用车的硬件成本；第三，降低运费成本；第四，通过各种解决方案直接降低油耗。

他认为，如果能找到新的技术解决方案，推动物流行业降低油耗，可以极大地提升物流行业未来的效率。以前，各种节能解决方案均不成熟，无法落地。但最近几年，随着上游自动启停技术的成熟，尤其是超级电容模组以及上游电极材料技术的改进，这一领域的技术应用正在走向成熟。

他想做的是，通过新的技术解决方案和算法技术的优化，在货车运力上实现油耗的降低。

机会背后的产业逻辑思考

这个创业方向对应的市场有多大呢？我们可以简单地做以下逻辑测算。根据我们目前的行业调研数据进行大致推算，中国大概有 3.5 亿辆机动车，其中汽车大概有 2.5 亿辆，货运车大概有 1500 万辆。中国的物流成本每年约为 10 万亿元，其中公路货运占比约 70%，成本约为 7 万亿元。而在这约 7 万亿元的成本中，占比最大的是油耗成本，占了 30%，核算下来，中国现有的 1500 万辆货运车的年油耗成本高达 2.1 万亿元。

如果采用这个节能技术能够降低 10% 的总耗油量，仅节能降耗带来的经济规模就超过 2000 亿元。如果这套设备产品在未来 2~3 年内成熟，并实现 10%~15% 的油耗降低，一辆车一年的油耗成本以 15 万 ~20 万元计，则每年可节省 2 万 ~3 万元的油费。如果这套设备的单台成本能够控制在 5 万元以内，则经济性的产业化拐点将快速到来。

通过简单测算可以看出，这是一个千亿元级别市场的赛道。

虽然方向没问题，但有了正确的方向就意味着创业一定能成功吗？答案显然是否定的。创业仅凭正确的方向肯定不够，更重要的是知道具体怎么落实。

仔细琢磨，这套节能降耗产品的核心能力最终要依靠以下 3 个关键环节落地。

（1）尽快完成 1.0 阶段产品技术的打磨和实践。如果没有合格的技术方案供给，便无法满足节能降耗的需求，不能满足需求的供给是无效的。要想真正在核心产品上发力，关键在于以下两个细节。

一是在模组和材料端完成突破，在超级电容模组与电极材料领域中找到能提供最佳解决方案的公司，并联合该公司进行应用层面的探索。

二是完成节能装备在电控和算法环节的数据积累。在不同环境、不同载重与不同路况下，不同车型的油耗量不尽相同。所以，产品要落地，需要有一套算法来提高运输车辆的节能降耗水平，控制运输车辆的电控系统，实现油耗的降低。而这套算法的建立正是这家公司真正核心能力的来源。

（2）产品落地后，找到核心种子用户，验证产品服务的有效性。创业方向能否从方案思路过渡到落地成型，这是关键的验证环节，产品能否持续迭代与核心种子用户的深度需求反馈有直接关系——核心种子用户能够为创新产品提供真实且有效的需求反馈，加速产品的新一轮优化。所以，有一个能够陪伴自己的产品走向成熟的核心战略级用户，对于创新型产品的创业者来说非常重要。这个用户不但能提出需求，能促进产品改进，而且能提供资金和订单，甚至能成为战略投资者。这是创新型产品与业务加速落地的关键。

（3）一旦完成初步的产品打磨与市场验证，就能实现业务的迅速放量。此时，团队的产业资源能力会变得非常重要，团队需要快速连接这个产业的巨头或大资金量级的资本公司，获取足够多的资金与资源，让本公司快速实现“从 0 到 10”而不是“从 0 到 1”。

这个事业加速的过程对创业者及其团队的操盘能力、产业资源的调动能力以及资本的驾驭能力，都提出了更高的要求。一旦完成这个阶段的跨越，这家公司在 1~2 年所能达到的高度，可能会是很多公司奋斗 10 年的成果。

可以想象一下，如果这 3 个关键环节最终都顺利落地了，这家公司的未来将非常值得期待。

更重要的是，我们能够看到越来越多这样的项目，它们在刚刚起步时就背靠千亿元级别的产业机会，可能经营不久便有了 10 亿元级别的估值，这与我们过去所认知的“小白”创业者开一家小店或做一门小生意的所谓创业，是完全不同的两件事情。

创业的速度越来越快，竞争越来越激烈，量级越来越大，段位越来越高，而这样的例子越来越多。

创业新趋势的 4 大变革

种种迹象表明，现在的创业逻辑已经彻底变了。

小公司从 0 到 1，第一次创业就做成独角兽公司的难度越来越大、机会越来越少，“野鸡变凤凰”的机会不是没有，但创业格局的固化比以前更为明显。

有一个形象的比喻，说的是以前在中国做生意，本质是“坐电梯”。3 个人坐电梯从 1 层到 10 层，第一个人在电梯里用脑袋撞墙，第二个人在做俯卧撑，第三个人在做深蹲。最终，他们都乘电梯到达 10 层，有人问他们是如何上来的。第一个人说：“用脑袋撞墙。”第二个人说：“做俯卧撑。”第三个人说：“深蹲。”

每个人看似都在总结自己的“成功经验”，但真正带他们上楼的是“电梯”。

这可以说是过去 10 年中国企业发展的形象比喻，而中国经济发展的良好态势就是那部电梯。

如果说以前创业是“电梯模式”，现在则切换成了“攀岩模式”。中国经济增速放缓，存量经济竞争犹如攀岩，经济动能在“上楼”的过程中变成了“地心引力”，一旦创业者走慢了、爬累了，“地心引力”就会变成阻力，不断地将创业者往下拉。创业变得非常费劲，甚至创业者踩错一步就可能立刻掉落。

在这个比喻里，我们能够进一步看到，相较于“乘电梯”，“攀岩”这项运动显然更强调能力和战术，参与者从一开始就要想好路径，想好执行的每一个动作，不仅需要具备手脚并用的协调性，还需要刻意练习，才能成为其中真正的高手。

总体来看，当前的创业与过去的创业相比，至少有 4 个根本区别。

一是好生意的起步门槛越来越高。以前的创业者主要是做身边的生意，彼时，对创业者来说，重要的是观察身边还有哪些供不应求的生意；而现在，创业者从一开始就要思考产业格局，即市场上有无百亿元级别的机会。这对创业者的视角与思维方式提出了完全不同的要求。这样，小作坊式的生意很难做大了。

二是资本介入的时间越来越早。当下创业，自有点子的时候起，创业者基本就能判断一门生意能否融资以及是否具备很强的资本运作基因，因此现在的创业不是做到一半再来评判这个项目是否具有很好的市场前景，而是如果不具备很好的市场前景，该项目就不会被启动。当前国内资本市场环境的发展已经到了中国有潜力的好生意几乎被投资机构翻了个遍的程度。如果某个企业还没有获得融资，或者这个行业还没有被投资机构涉足，大概率不是因为投资机构没有发现这个机会，而是因为投资机构放弃了这个赛道。

三是产业竞争的节奏越来越快。以前是“有什么机会做什么事”，现在是先谋事再反过来整合资源，创业冷启动的时间越来越短，留给创业者的时间越来越短。以前是马拉松式的竞争，企业大多需要 10 年、15 年才有可能上市；而现在是 F1 方程式的竞争，从创业开始就要全速往前冲，行业竞争可能在两三年内就会结束“战斗”，企业在行业格局确定后三五年就要完成 IPO。以前的竞争周期可能很长，20 年前创业，企业在前 10 年可以慢慢发展，哪怕走错了一两个弯道、有一些战略性失误，再绕回来也有机会挽救；但在现在的竞争环境下，企业一旦出现重大战略级失误，竞争对手可能瞬间就把机会抢光了。

四是对操盘能力的要求越来越高。以前创业，很多创业者都怀有小生意心态，主张先挣了钱再考虑别的；而现在，创业者从一开始就需要规范运作，不仅需要考虑股东关系，引入战略投资者，完善股权激励、顶层设计，还需要寻找行业中较强的人才并与之合作。因此，以前和现在的创业对创业者操盘能力的要求完全不同。现在的创业者会被要求在创业之前积累足够的经历、资源、经验以及实操能力，在大平台运营过大项目，运作过巨额资本。当创业者满足以上要求时，资本对他个人的估值会明显高得多。而在拥有这种资本估值的情况下，这个“白金级”的创业者只要创业、成立公司并且获得投资，就已经战胜了市场中 95% 的创业者。

总之，现在已经进入创业 2.0 时代，一个刚毕业的学生依靠想法就平步青云，或者是一个白手起家的创业者仅靠一个点子就进入富豪排行榜的“创业草莽时代”已经成为过去。现在的产业竞争、资本布局、经济阶段、商业机会都对创业者和企业家提出了更高的要求，对他们的能力结构、经验资源、把控能力、运作能力、管理经验都有了体系化的评估。

企业经营已经成为越来越专业的工作。

当前创业不可忽视的 4 股力量

创业 2.0 时代，创业者在创业路上正面临无法忽视的 4 股力量，这 4 股力量伴随着当前整个商业经营环境的变化，将成为企业在下一轮成长过程中必须抓住的关键成功要素。

科技创业与底层创新

当前，正处于新一轮全球产业链重构的背景之下，而下一步发展的关键，是要突破一些核心产业链环节的限制。如今，科技创新在产业中的重要地位史无前例。一旦中国企业完成核心科技等各种“卡脖子”工程的突破，全球产业链分工将进一步重构。

所有的企业实践都将直接或间接地受到这股浪潮的影响。

中国进行了这么多年的代工和产业链的供应链升级，在多个行业中，中国企业都具备进一步实现上游核心环节突破的基础。同时，中国拥有巨大的终端消费市场，中国的科技创新具有广阔的孕育土壤，同时，中国本身就拥有巨大的潜能来实现供应链的规模化效应与供应链能力的提升。长期来看，这使中国产业链的全球化和中国产业科技全球化具备巨大的潜能，中国技术“走出去”，中国的硬核科技为全球提供基础设施服务，这些都是我们看好的发展方向。一旦完成核心产业链环节的升级，中国制造变成中国创造的商业机会将喷薄而出，而目前这个机会其实在多个细分领域已经出现。

反观国外市场，虽然北美洲、欧洲等地的发达国家在某些核心产业链环节具备上百年的产业优势沉淀，但是在新科技的基础设施应用上，尤其是移动互联网、物联网、5G、智慧城市等方面，它们并没有完全走在市场最前沿。在北美市场，电子温度计 10 年不变；消费电子产品中，除了手机，其他设备都较为陈旧、变化不大；相较于中国，其物流配送的效率有所不足，城市智慧化建设较为落后。而这些基础设施，都是能否实现下一轮科技创新突破的前提。从这个角度看，通过新一轮的科技建设布局推动中国科技企业走向成熟，并逐步实现中国技术走出去，在这个过程中，有望出现一大批如华为、小米、腾讯及字节跳动等能够代表中国科技发展方向的企业。而这些科技创新的行业方向，都是未来较好的创业赛道。

下沉市场与全国市场

根据国家统计局 2020 年 1 月 17 日发布的数据，我国 2019 年 GDP 为 99.0865 万亿元，比上一年增长 6.1%。未来国内产业链将更成熟、配套更充分、基础更坚实，这会使我国经济在纵深方向形成更强的下沉市场的辐射能力。中国有上千个县、上万个产业园、上百万名创业者；中国的公路建设在多个省份实现了“村村通”，不少县市都能乘坐高铁直达，中国的物流供应链能实现全国范围内主要城市次日达，中国有超过 90% 的农村被移动互联网覆盖。基于中国约 14 亿人口这一基础，很多细分领域都能独立构成巨大的市场空间，尤其是中国约 6 亿农民所对应的农村消费市场和县域经济市场。

中国的区域纵深机会将带来爆炸式的需求释放。创业者如果想要了解中国未来的经济潜力，可以多到中国的三四线城市、村镇走走看看。它们在一定程度上反映了中国未来经济的走势。对于任何创业机会而言，它们都是一股无法被忽视的力量，它们能够通过各种方式触达中国广袤纵深的县域，通过经济发展触达用户，触达他们的需求。而在 10 年之前，这还是无法想象的事情。

未来，随着中国区域经济的发展，每个省级行政区都可能会有一个核心城市经济圈。它们将成为中国区域经济增长的主要动力来源。

北京、上海、广州、深圳各城市常住人口突破2000万，这相当于一些中小国家整个国家的人口。广州常住人口接近加拿大总人口的一半。

城市化的进一步深化将带来深刻的影响。人口的聚集将带来进一步的基础设施建设，有人口聚集的地方就需要配套的基础设施，包括地铁、机场、火车站、客运站、学校、医院、快递、快餐店、药店等生活配套设施及服务，这些都需要与人口数量相匹配。

在这些方面，目前供给不足的地方都有新的经济机会。广州如此，北京、上海如此，深圳、杭州、武汉也是如此。虽然中国的现代化城市建设正在迈向全球顶尖水平，但从国家统计局2019年9月发布会新闻发言人的发言来看，中国的基础设施完善还有很大的潜力，整体存量水平相当于发达国家的30%。未来，人口的聚集将进一步带来巨大的商业能量。

国资力量与产业巨头

中国经济当前的一个确定性的事实是，大型产业在一定程度上已经初步形成了自有的产业竞争格局——在所有的产业中形成了已有的产能，并且在特定的产能结构下，各种企业已经形成了初步的产业资源占据。在与我们的衣、食、住、行相关的所有产业中，我们都能找到相关的产业巨头或细分行业龙头企业。在几乎所有的已有产业中，新诞生的企业都需要与产业中的巨头进行新机会竞争。

中国当前有上百个二级子行业，这些行业共拥有 200 万亿元的国有资产，各个细分行业中不乏产业巨头。那种既是大家的共有需求又没有任何巨头存在的“好生意”已是凤毛麟角。

因此，中国的创业者需要直面的一个问题是，一些创新机会将有产业巨头参与竞争。这甚至可以说是中国当前商业背景下的产业竞争规律。

尤其是在新一轮新型基础设施建设推动之后，产业巨头在各行业的优势将进一步突显，马太效应将进一步加强。但是对于创业者来说，这并不一定是坏事。反过来思考，因为在产业资源聚集的基础上已经完成了初步资源整合，假设创业者与巨头、国资力量不是竞争关系，而是竞合关系，甚至是股东关系，比如有些企业可能天生有某种产业资源加持，那么它们在占据产业资源上就天然有着其他企业无法比拟的优势。我们能够看到的显著趋势是，各种创新型企业在初期融资时，都会考虑获取各种上市企业的战略投资，或者国企、央企的投资背书。

资本市场的“洪荒之力”

在整个资本市场成熟的背景下，创业似乎变成一个标准的工业化工程。当创业者有了点子，天使投资会参与其中，接着项目会被投资机构不断筛选，符合相关条件则能够获得融资。然后，公司会经历一轮又一轮的投研筛选，从天使轮、A 轮、B 轮、C 轮、Pre-IPO 到 IPO，一家公司在成长过程中被整个市场机器化、流程化地筛选出来。一轮又一轮淘汰之后，走到最后的那家公司，最终成为被市场默认将走向成功的公司。

从这个角度来看，投资机构的每一轮筛选，俨然变成了一个天然的漏斗。因为资本市场的存在，创业的难度比以前更大。但反过来看，对于真正优秀的创业者来说，创业好像也比以前更容易了，更难和更容易这对矛盾竟然在创业中同时存在。难点在于，如果不是资本市场偏好的创业者，可能很难获得资源；而被资本市场选中的那些创业者，则能够更好、更快速地组合一家公司的生产要素和有效资源，能在资本市场上找到合适的资源，快速整合、快速作答。整个资本市场变成了资金收益率和创业者成功率之间的搬运工。这一搬运机制构成了整个中国资本市场和创业市场的底层逻辑，成为创业者不可回避的力量。

资本市场已然变成了中国创业的天然基础设施。在 20 年前，我们可能完全无法想象，在中国，一个可靠的创业者能够手握 10 亿元的融资操盘一个短期内看起来并不能获利的生意。但现在，这样的案例在中国数不胜数。整个中国资本市场的筛选机制是一套基础设施，源源不断地支撑着各种创新型想法在产业中得到实践，从而构成整个中国创新机制的来源。而这些创新型想法的实践成果，又成为资本市场中的财富机制。

尤其是科创板的设立与注册制的推进，预示着中国创业者的黄金时期即将来临。因为资本市场的财富机制是对创业者和创新人员最好的市场激励。

资本市场，正以不可阻挡、不以个人意志为转移之势，全面影响企业的发展方式、战略成长、组织机制、人才体系。我们可以得出这样一个结论：不懂资本市场成长规则的个人及企业，必定被下一个企业经营时代抛弃。

第一篇

企业的成长性与资本化

第 1 章　成长性是资本化的前提

如果要说我在过去 10 多年战略与资本的咨询经历中，被问到最多的问题是什么，那应该就是很多企业家朋友问的："我们的公司适合上市吗？我们的公司能上市吗？我们的公司应该上市吗？我们的公司能融资吗？公司应该如何估值？"

这些问题看似只是一些有关投行与资本市场的专业问题，但其背后蕴含的是一整套企业运行成长的底层逻辑。

要回答这些问题，就必须回到问题背后的逻辑问题：企业发展与资本市场到底是什么关系？

对于资本市场来说，尤其应该明确投资机构如何通过对企业进行投资定价完成自身的盈利。这套底层逻辑决定了资本市场到底如何看待企业的价值。

按一般的逻辑，投资就是投资企业的未来。在企业由小到大的发展过程中，投资机构通过股权或债权等方式参与其中，这就是资本市场最主流的投资方式——成长性投资。

成长性投资的底层逻辑其实也是价值投资，但其与传统的价值投资又有不同之处。一般意义上所指的传统的价值投资，是围绕企业未来可预测的现金流进行折现来推算企业的当前价值。比如买某公司的股票是价值投资，因为在一定程度上可以预测其盈利空间。但这种传统的价值投资在一定意义上存在理论缺陷，比如投资亚马逊公司是不是价值投资呢？从其财报来看，在相当长的一段时间里，亚马逊虽然销售额一度超过千亿美元[①]，但其常年处于亏损状态。

那么，没有利润就等于没有价值吗？这两件事情显然不能画等号。所以成长性投资的本质，是基于企业未来价值的成长性的折现，而不仅仅是基于当前现金流的折现。

下面我们通过一个极简模型说明这个逻辑。

假设我们要进行一项投资，有 A、B 两家公司作为投资备选，其基本面都不错，两者当年的净利润规模都是 1000 万元。但 A 公司未来 4 年的净利润表现是 2000 万元、4000 万元、8000 万元、1 亿元，而 B 公司未来 4 年的净利润表现是 1000 万元、1100 万元、1200 万元、1300 万元。

① 按截稿时的汇率计算，1 美元约合人民币 6.493 元。

如果只面对以上投资条件，作为投资人，该投资哪家公司好像显而易见，大多数人会选择A公司。

但是，如果再补充一个投资条件：A公司的估值是2亿元（即投资当年净利润的20倍），B公司的估值是1亿元（即投资当年净利润的10倍）。作为投资人，你会选择哪家公司？此时，你就要考虑这背后反映的问题，即哪家公司看起来更“便宜”，哪家公司更具备投资价值。

显然，净利润处于持续增长状态的公司和净利润不增长的公司，两者的价格评估逻辑并不相同。其中的差异就来自未来净利润的成长性折现。这里有一个指标可以理性判断成长性对企业价值评估的影响，即PEG[①]。

按照此逻辑对案例中的数据进行演算

$$\text{A公司的PEG}=\frac{\text{市盈率}}{\text{净利润的同比增长率}\times 100}$$

$$=\frac{\text{2亿元/1000万元}}{100\%\times 100}$$

$$=0.2$$

$$\text{B公司的PEG}=\frac{\text{市盈率}}{\text{净利润的同比增长率}\times 100}$$

$$=\frac{\text{1亿元/1000万元}}{10\%\times 100}$$

$$=1.0$$

① 指市盈率相对盈利增长比率，PEG=市盈率/（净利润的同比增长率×100）。

成长性很容易导致一家公司看起来估值更高，真正的未来综合投资成本更低。同理，如果一家公司不成长（或者低速成长），即便估值很低，其投资成本反而非常高。

再按该逻辑推理，随着一家公司利润的提升，其市值也可能会持续增长。假设 4 年之后，A、B 两家公司具有同样的估值，且都有 10 倍的市盈率，那么 A 公司的投资收益率可能达到 400%，而 B 公司则可能没有投资收益。

事实上可能不止于此。假设 4 年之后，A 公司依旧保持高速增长，则会有更多的人愿意为它的长期成长性买单，从而继续投资 A 公司，A 公司的市盈率在 4 年后将远超 10 倍。

这个案例虽然只有基本信息，却在一定程度上很好地解释了“企业成长性”和“资本收益率”之间的关系。因为企业在成长，所以其能通过自身利润的不断提高，把实际的投资价格变低，在估值不变的条件下，则体现为其资产价格的持续提高。所以，一家公司拥有了持续成长性，就可以扩大获得未来资本成本的安全边际，甚至可以说，这是投资最重要的风险控制指标之一。只要公司具有长期成长性，总有一天其投资价格会变得很低，而只要持续具有成长性，未来就会有源源不断的资金输入这家公司。这种持续性的输入构成了资本市场流动性的基础。

若一家中小规模的公司的收入水平与净利润不再提高，虽然每年依旧可以稳定地获得一部分净利润，但如果没有办法将自己发展得足够大，从而形成足够牢靠的业务壁垒，其安全性仍然是不够高的。因为商业世界的底层逻辑就是，总有人会因为追求净利润而对“护城河”发起挑战。对于那些规模很大的公司，虽然其利润不再增长，但它可能因为占据了行业中大部分的资源而具有高安全性；而小公司一旦失去成长性，就可能会变成一门小生意，结合产业规律来看，这样的小公司很可能在一个不确定的短时间内消亡。

更加有趣的是，在一个足够大的行业中观察，一家公司的成长性越强，它就能吸引越多的资本，促进资本进一步聚集。这种资本聚集本身会拉开企业间的竞争资源差距，这种差距会进一步强化领先公司的竞争优势，最终体现为领先公司进一步成长，这种成长加速又进一步促进了资本聚集。在此过程中，行业资源也完成了整合。

这就好像“成长性”和“资本化”作为两股力量相互作用、盘旋上升。在持续的盘旋上升之后，一个又一个产业逐步走向成熟。

这是从宏观角度理解一个产业演进规律的底层逻辑。总而言之，强成长性是对冲投资风险的最有效手段，只有持续的成长才能支撑企业的长期资本溢价。

案例

共享单车的资本战

摩拜单车和 ofo 单车的竞争可以说是这套逻辑的典型范式。

共享单车模式出现的时候，资本惊异于这个行业竟然可以发展得这么好——1 辆单车可以带来 8 个用户，用户每一次使用单车都要花钱，每次花钱都要打开手机支付软件，同时，第一次使用单车还需要沉淀一笔 200 元的押金。这样一个看似完美的资金流回收模式，构建起了一个快速扩张的商业模型。

在这个阶段，共享单车模式确实充分体现了其商业模型的优良性。随之而来的结果便是共享单车的成长性爆发。成长性凸显后，资本蜂拥而至（见表 1-1 和表 1-2）。当资本持续流入这个行业时，行业内有大量的资本助推其发展，颜色各异的共享单车开始出现。

表 1-1　摩拜单车融资数据表

序号	披露日期	交易金额	融资轮次	投资方
1	2018 年 4 月	27 亿美元	并购	美团点评战略投资部
2	2018 年 1 月	超 10 亿美元	F 轮	未披露
3	2017 年 11 月	未披露	战略融资	高通创投
4	2017 年 6 月	6 亿美元	E 轮	工银国际 / 红杉资本中国 / 交银国际 / 启明创投 / 腾讯投资 /TPG Growth/ 创新工场 / Farallon/ 高瓴资本
5	2017 年 2 月	未披露	D+ 轮	淡马锡 / 高瓴资本
6	2017 年 1 月	未披露	战略融资	富士康

（续）

序号	披露日期	交易金额	融资轮次	投资方
7	2017年1月	2.15亿美元	D轮	TPG Growth/祥峰投资中国基金/信益资本/高瓴资本/红杉资本中国基金/启明创投/腾讯投资/创新工场/熊猫资本/永柏资本/华平投资/富士康/贝塔斯曼亚洲投资基金/愉悦资本/携程
8	2016年10月	近1亿美元	C+轮	祥峰投资/启明创投/创新工场/贝塔斯曼亚洲投资基金/熊猫资本/高瓴资本/腾讯投资/红杉资本/愉悦资本/华平投资/美团创始人王兴
9	2016年9月	超1亿美元	C轮	高瓴资本/红杉资本
10	2016年9月	未披露	B+轮	创新工场/熊猫资本/祥峰投资中国基金
11	2016年8月	未披露	B轮	创新工场/熊猫资本/愉悦资本
12	2015年10月	300万美元	A轮	愉悦资本
13	2015年3月	146万元	天使轮	李斌

数据来源：企查查、天眼查。

表 1-2　ofo 共享单车融资数据表

序号	披露日期	交易金额	融资轮次	投资方
1	2018 年 9 月	数亿美元	E+ 轮	蚂蚁金服 / 滴滴出行
2	2018 年 3 月	8.66 亿美元	战略投资	灏峰集团 / 天合资本 / 君理资本 / 蚂蚁金服 / 阿里巴巴
3	2017 年 7 月	超 7 亿美元	E 轮	中信产业基金 /DST Global/ 阿里巴巴 / 弘毅投资 / 滴滴出行
4	2017 年 4 月	未披露	战略融资	蚂蚁金服
5	2017 年 3 月	4.5 亿美元	D 轮	Coatue/ 中信产业基金 / Atomico/ 经纬中国 /DST Global/ 新华联集团 / 滴滴出行
6	2016 年 10 月	1.3 亿美元	C 轮	金沙江创投 /Coatue/ 中信产业基金 /ISAI/ 元璟资本 / 经纬中国 /Yuri Milner/ 小米科技 / 滴滴出行
7	2016 年 9 月	数千万美元	B 轮	金沙江创投 / 经纬中国 / 唯猎资本
8	2016 年 4 月	未披露	A+ 轮	真格基金 / 天使投资人王刚
9	2016 年 2 月	数千万元	A 轮	金沙江创投 / 弘道资本
10	2015 年 10 月	900 万元	Pre－A 轮	弘道资本 / 唯猎资本
11	2015 年 3 月	数百万元	天使轮	唯猎资本

数据来源：企查查。

当这个行业吸引了第一轮资本进入之后，行业竞争与产业淘汰开始加速。在一轮又一轮的融资战和补贴战中，摩拜单车和 ofo 共享单车两家公司杀出重围，成为代表性头部公司。这时，资本向头部公司聚集，中小公司不再具备获得融资的能力。这两家头部公司拿到资金之后，进一步挤占中小公司的市场，行业出清开始。

在几轮密集融资“烧”出来的成长数据之下，共享单车这个行业的资金投入规模比整个行业本身的规模还要大，整个行业在 3 年内投入巨额资金，直到最后，再也无法进一步抢夺产业资源，两家头部公司的成长性开始衰竭。这个时候，资本才发现原来投资的那些钱没了退路，两家公司的估值就此以不可阻挡之势开始下坠，最终，一家被巨头并购，另一家黯然退场。

摩拜单车和 ofo 共享单车看似只是个例，但其实类似的现象在多个行业都出现过，只不过结果没有这么惨烈。资本就是这样敏锐地洞察着各个赛道的成长性，渗透各个行业。

第 2 章　成长性与资本化的盘旋关系解读

回溯众多全球标杆级公司的长期业务成长与资本经营的关系，有一家公司很难被忽略，那就是亚马逊。也许是因为亚马逊创始人贝佐斯本人的职业经历，从一开始，亚马逊就具有强大的资本运作基因。贝佐斯对资本经营与企业成长有着极其深刻的理解，我们现在翻看亚马逊 25 年前的年报，可能依旧会对他当年对资本经营与业务成长的理解叹为观止。

亚马逊的资本成长之路值得很多企业学习。

1995 年，亚马逊成立之初只是一家小型图书在线销售公司，贝佐斯当时刚刚从 J.P. 摩根离职，开始创业。显而易见，此前的投行经历对他后来理解企业经营起到了非常重要的作用。贝佐斯在亚马逊成立早期就展现了强大的资本运作能力。下面梳理了亚马逊成长过程中的一些关键性的事件节点，我们从中可以看出这家万亿美元级别的公司是如何一步步成长起来的。

- 1995 年，杰夫·贝佐斯成立亚马逊；
- 1997 年，亚马逊在纳斯达克上市，融资规模达 4 亿美元，是一家非常小的上市公司；
- 1999 年，亚马逊收购语音系统公司 Alexa（之后，Alexa 横扫美国智能音箱市场，2018 年，用户互动次数超过百亿次）；
- 1999 年，互联网泡沫破裂之前，亚马逊的市值最高接近 400 亿美元，上市 3 年内市值涨幅近 100 倍；
- 2000 年，互联网泡沫破裂，亚马逊市值下跌 90%；
- 2004 年，亚马逊以 7500 万美元收购卓越网，正式进入中国市场；
- 2005 年，亚马逊首次推出 Prime 服务（2018 年，Prime 会员已经超过 1 亿人次）；
- 2006 年，亚马逊启动了 AWS 云服务系统（2019 年，AWS 业务在美国的云服务市场占比超过 70%）；
- 2007 年，亚马逊首次推出了 Kindle 业务；
- 2009 年，亚马逊的市值突破 400 亿美元，距离上一次市值接近 400 亿美元已有 10 年；
- 2011 年，亚马逊的市值突破 1000 亿美元；

- 2012 年，亚马逊以 7.75 亿美元收购机器人公司，推动建立亚马逊的无人运输和无人仓系统；
- 2014 年，亚马逊推出手机业务，以失败告终；
- 2014 年，亚马逊正式推出智能音箱系统（2019 年，智能音箱系统在美国市场的占有率超过 40%）；
- 2015 年，亚马逊收购全时，构建起从线上到线下的零售生态系统；
- 2017 年，亚马逊的市值突破 5000 亿美元；
- 2018 年，亚马逊的市值突破 1 万亿美元。

当前，亚马逊电商业务在整个美国电子商务市场中占比 49%。

市值冲破万亿美元，亚马逊征服华尔街

对比全球市值最高的几家万亿美元的公司，人们发现：全球市值最高的公司沙特阿美是沙特阿拉伯最大的石油公司，每年净利润达 1000 亿美元，市盈率约为 10 倍；市值同样达到万亿美元级别的苹果公司，每年的净利润约为 600 亿美元，市盈率为 17 倍左右；而市值达到万亿美元级别的亚马逊，每年的净利润为 100 亿美元，市盈率接近 100 倍。

为什么市值同样是万亿美元级别，华尔街却一直给亚马逊这么高的估值?

其原因在于，投行出身的贝佐斯一直在给华尔街讲关于亚马逊未来的 3 件事。

第一件事，贝佐斯认为美国的零售市场约有 3 万亿美元的行业规模，他认为未来的电子商务发展会使线上、线下融合，电子商务的渗透率可以达到整个行业的 50%。更重要的是，他认为未来将达到万亿美元规模的电子商务领域，会出现一家独大的格局，因为在线竞争的差异化会比线下传统零售行业弱得多，在线业务会彻底解决线下零售无法跨区域整合的问题，这个行业将出现“赢者通吃”的局面（即行业第一会占据大部分的市场份额）。回头看，在 25 年前就能得出这个结论，不得不说贝佐斯有着极强的经营洞察能力与深度思考能力。

他甚至给自己提出了一个假设：如果未来电子商务领域出现了一家绝对领先的公司，这家公司应该具备什么样的特点？他给出了 3 个答案：第一，价格足够低；第二，商品足够多；第三，足够方便。任何一家开展电子商务业务的公司都将围绕这 3 个方面的能力展开竞争。

基于这样的产业理解，贝佐斯把所有的资金都投入这 3 个方面的能力建设中。他相信，一旦在这 3 个方面形成了强大的竞争力，用户就会优先选择亚马逊，而这种用户选择会带来交易规模的持续成长，最终形成强者恒强的局面。

在亚马逊 20 年前的年报中，贝佐斯明确阐述了亚马逊的战略目标：强大的市场领导地位将带来更高的收入、更多的利润、更高的资金周转率以及更高的资本回报率。亚马逊一开始就很清楚自己的战略：所有的都将围绕长远价值展开（It's All About the Long Term）。

第二件事，没有利润怎么办？从表面来看，大家对亚马逊最大的误解就是认为亚马逊不盈利，没有净利润或净利润不高。面对这种理解，贝佐斯给华尔街讲了 20 年关于自由现金流的故事。

何谓自由现金流？例如，现金周转速度是每年 10 次，那么 1 亿美元现金运转 10 次带来的资金使用额就是 10 亿美元。

投资金额是 1 亿美元，那么每年的实际可用资本就是 10 亿美元。因为周转速度快，资金可以快速回收并进入新一轮投资，这使得有些看似净利率很低的行业其实资金效率并不低。为了方便大家理解，下面用一个简单的数据模型来解释：有些行业（比如零售业）的净利率可能很低，只有 5%，但其一年的资金周转速度可达到 10 次，那么 10 亿美元收入只用了 1 亿美元现金，5% 的净利率却有 5000 万美元的净利润，资金使用的回报率能达到 50%。

更重要的是，在这样的业务模式下，资金不断周转就会产生资金沉淀的现象。亚马逊其实就是这种模式的典型代表。因为采取电商模式，亚马逊构建了一个围绕自身业务的商业小生态：亚马逊面向下游卖出产品之后，它能立刻收到钱，而它给上游支付货款却可以等 3 个月，业务规模越大，中间占款的时间不变，它所能占据的资金量就越大。在这种模式下，亚马逊看似只是一家电商公司，实际上却成了一家银行，因为只要交易量持续扩大，3个月的占款时间不变，它对上游的占款额虽然是负债，但只要源源不断地扩大交易量，亚马逊就永远有一大笔钱在手。只要同期亚马逊的收入规模不断扩大，支付货款时公司的账上新沉淀出的资金就一定比要还的资金更多，那么这个资金沉淀的游戏就能一直玩下去。

亚马逊在长期保持净利润接近零的情况下，通过持续投入运营成本、扩大运营规模，再通过运营规模的扩大增加企业的自由现金流，其盈利并不体现在利润表上，而体现在账上一直有现金，且将现金越来越多地用于核心能力建设，从而沉淀更多的资金，获得更高的收入，又继续增加沉淀资金。这本质上是供应链金融的逻辑。

在这门生意中，亚马逊找到了一个极长、极宽的赛道，在其中创造了极高的收入，且做到这些并没有花费很多现金，因为它通过不断沉淀资金获得现金（其实是伴随收入增长而增长的不用偿还的负债），并通过这些现金进行投资，以增强其核心能力，获得继续发展的动力，用更多的现金布局更大的产业结构。

第三件事，用强大的收入流量带来基础设施变现。在前两件事的基础上，亚马逊构建的巨量收入把大量中小企业聚合在一起，在提供业务服务的过程中为这些商家提供服务，并在此过程中不断加强基础设施建设，用基础设施服务换取商家的服务费，例如亚马逊的云服务。亚马逊 2018 年获取的 100 亿美元净利润中，贡献占比最大的就是云服务。

所以，亚马逊的战略命题一直非常清晰，就是“如何保持收入持续增长”。只要收入在增长，亚马逊就会有源源不断的融资来源。这时亚马逊的投资能力就变得非常重要，事实上，其投资和融资形成了一个循环：通过投资带来更多的用户、更方便的交易、更多的供应商，从而使更多的商品更高效地在平台上完成交易。交易额越大，平台的融资额就越大；而融资额越大，就可以保证它的投资进一步加速扩大交易额。极大的收入规模带来海量用户，同时带来海量自由现金流，并带来为基础设施服务买单的中小商家。

在这样一套顶层战略成长逻辑下，亚马逊相当于在一个极长的赛道上，找到了一个可以不断扩大自己的商业规模的利器，然后运用这个利器不断地使自己的收入呈复利增长。

在这样的背景下，华尔街也给出了回应。图 2-1 是亚马逊从上市以来至 2019 年的总市值变化趋势。可以看出，华尔街其实一直都在默默地支持亚马逊的发展，为亚马逊的未来成长性买单，而且一直在用贝佐斯的产业逻辑为亚马逊估值。除了 1999 年美国金融危机，亚马逊的股价和市值一直处于长期高估且保持长期成长性的状态。从估值角度，我们更能看出贝佐斯强大的资本运作能力。大多数公司其实都是用市盈率（PE）或市销率（PS）来估值的。如表 2-1 所示，我们可以看到亚马逊的市销率

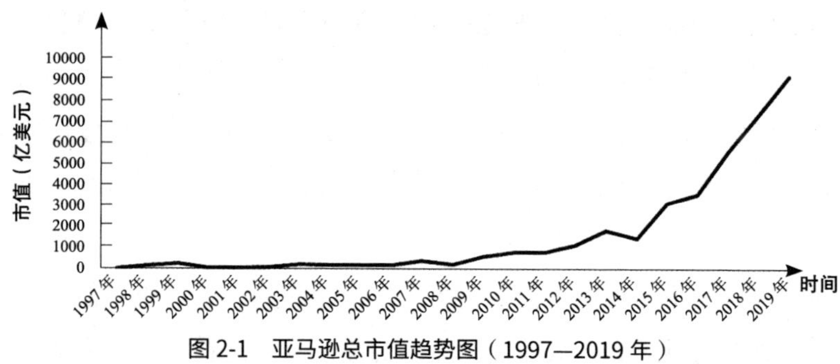

图 2-1　亚马逊总市值趋势图（1997—2019 年）

数据来源：Choice。

在 2016 年之后，因为云业务的贡献，亚马逊的市销率水平有了很大提高。

此外，还有一个更为稳健的指标能够反映亚马逊的估值体系。追溯过去 15 年的数据，亚马逊的“市值 / 经营性现金流”一项大多保持在 20~30 倍之间。贝佐斯一直在试图说服资本市场，让其明白亚马逊的底层商业逻辑是一个现金流循环游戏，而不能只看净利润的表现和亚马逊的估值。

贝佐斯在长期与资本市场打交道的过程中赢得了一个重要胜利，那便是他说服了资本市场关注亚马逊的长期现金流增长而不是净利润，这也是长期以来亚马逊的利润表现并不优异，但其市值一直很高的原因。

表 2-1 亚马逊财务表现（2005—2019 年）

（单位：亿美元）

科目	2006 年	2007 年	2008 年	2009 年	2010 年	2011 年	2012 年	2013 年	2014 年	2015 年	2016 年	2017 年	2018 年	2019 年	2020 年
营业收入	107.11	148.35	191.66	245.09	342.04	480.77	610.93	744.52	889.88	1070.06	1359.87	1778.66	2328.87	2805.22	3860.64
净利润	1.90	4.76	6.45	9.02	11.52	6.31	−0.39	2.74	−2.41	5.96	23.71	30.33	100.73	115.88	213.31
营业收入同比增长率	26.16%	38.50%	29.19%	27.88%	39.56%	40.56%	27.07%	21.87%	19.52%	20.25%	27.08%	30.80%	30.93%	20.45%	37.62%
净利润同比增长率	−0.47	1.51	0.36	0.40	0.28	−0.45	−1.06	−8.03	−1.88	−3.47	2.98	0.28	2.32	0.15	0.84
经营性现金流量净额	7.02	14.05	16.97	32.93	34.95	39.03	41.80	54.75	68.42	119.20	164.43	184.34	307.23	385.14	660.64
经营性现金流同比增长率	−0.04	1.00	0.21	0.94	0.06	0.12	0.07	0.31	0.25	0.74	0.38	0.12	0.67	0.25	0.72
总市值	162.54	385.38	219.48	597.27	811.80	787.18	1138.95	1830.45	1443.13	3168.32	3563.13	5635.35	7374.67	9202.24	16382.00
市销率	1.52	2.60	1.15	2.44	2.37	1.64	1.86	2.46	1.62	2.96	2.62	3.17	3.17	3.28	4.24
经营性现金流 / 收入	6.55%	9.47%	8.85%	13.44%	10.22%	8.12%	6.84%	7.35%	7.69%	11.14%	12.09%	10.36%	13.19%	13.73%	17.11%
市值 / 经营性现金流	23.15	27.43	12.93	18.14	23.23	20.17	27.25	33.43	21.09	26.58	21.67	30.57	24.00	23.89	24.80
净利率	1.77%	3.21%	3.37%	3.68%	3.37%	1.31%	−0.06%	0.37%	−0.27%	0.56%	1.74%	1.71%	4.33%	4.13%	5.53%
EBITDA	2.40	4.93	7.38	10.84	14.14	7.96	2.57	2.56	−3.23	10.37	32.12	27.52	94.13	115.30	219.92
负债总计	39.32	52.88	56.42	85.56	119.33	175.21	243.63	304.13	437.64	520.60	641.17	1036.01	1190.99	1631.88	2277.91
投资活动现金流量净额	−3.33	0.42	−11.99	−23.37	−33.60	−19.30	−35.95	−42.76	−50.65	−64.50	−98.76	−278.19	−123.69	−242.81	−596.11
筹资活动现金流量净额	−4.00	0.50	−1.98	−2.80	1.81	−4.82	22.59	−5.39	44.32	−37.63	−29.11	98.60	−76.86	−100.66	−11.04
流动负债	25.32	37.14	47.46	73.64	103.72	148.96	190.02	229.80	280.89	338.99	438.16	578.83	683.91	878.12	1263.85
市值 /EBITDA	67.73	78.17	29.74	55.10	57.41	98.89	443.17	715.02	−446.79	305.53	110.93	204.77	78.35	79.81	74.49
经营现金流量净额 − 投资活动现金流量净额	10.35	13.63	28.96	56.30	68.55	58.33	77.75	97.51	119.07	183.70	263.19	462.53	430.92	627.95	1256.75
投资活动现金流量净额 / 经营性现金流量净额	47.44%	−2.99%	70.65%	70.97%	96.14%	49.45%	86.00%	78.10%	74.03%	54.11%	60.06%	150.91%	40.26%	63.04%	90.23%
投资现金流增速		−112.61%	−2954.76%	94.91%	43.77%	−42.56%	86.27%	18.94%	18.45%	27.34%	53.12%	181.68%	−55.54%	96.31%	145.50%

三大阶段，沉淀万亿美元市值

亚马逊的成长历程基本上可以分为以下三大阶段。

第一阶段，以电子商务为核心的亚马逊。

这一时期，亚马逊从图书在线零售切入整个线上服务体系和电子商务，并在这个过程中不断压缩线上经营成本、提升用户的便利性，让用户有了更多的选择；在回归商业本质和改善用户体验的前提下，不断扩展产品品类，通过品类扩张，不断压低流量成本、提高用户长期留存率。更重要的是，在这个过程中，亚马逊始终围绕电子商务的运营流程压缩上游成本，提高运营效率，并在下游给用户让利。此时，亚马逊虽然获利不多，但是以占据现金流为模式，不断扩大流量、扩大规模，并且在这样一个长期赛道上用极低的成本与竞争者竞争，将整个线上经营扩大至赢者通吃的模式。

在这个模式中，亚马逊构建起整个物流供应链体系，为用户提供高效的线上体验，重构了商品供应链体系。这一举措为亚马逊实现千亿美元级别市值奠定了基础，且这个模式持续了 15 年。

第二阶段，形成以电子商务、供应链服务、智能家居为核心的基础设施型科技公司。

在这一阶段，亚马逊的主营业务涵盖线上商店、线下实体、第三方销售，类似淘宝的模式开放平台。此后，亚马逊又有了网络云服务以及其他众多板块的增值业务，在这一发展过程中，一个又一个板块被打造出来，成为亚马逊真正的盈利来源。

这时，亚马逊的业务模式已经变成了为行业提供第三方服务，其业务收入包括第三方服务费佣金、云服务收费、广告收入、物流服务收费、会员费等。

亚马逊在第一阶段构建了庞大的下游用户（to C）基础、上游产品体系以及中游的整个供应链及物流服务平台。之后，亚马逊的整个生态体系开始不断向纵深服务延展，包括线上商店的线下流量入口、线下零售提供线上服务以及通过第三方服务打造平台开放模式。

究其本质，在这个服务过程中，亚马逊形成了自身的商业生态，然后开始提供增值服务，围绕亚马逊的整个商业生态系统打造一个又一个服务板块，包括类似开市客模式的 Prime 会员服务、为上游商家提供的云服务、广告服务等以及开放给第三方使用的物流供应链服务。

这些服务模式叠加起来，构建起了围绕“上游商家—中游供应链—下游用户终端”的整个科技零售体系。亚马逊在这个体系中不断强化基础设施服务以完成整个商业生态的变现。

第三阶段，在电子商务之外，亚马逊布局消费电子智能家居、语音底层系统，收购智能烤箱，投资智能宠物投食器，做内容自媒体，投资电动皮卡、自动驾驶、物流服务无人机等。

其间，亚马逊投资了一个热气球公司，通过热气球形成一个小型的空中物流前仓配送系统。这个配送系统有各种前仓需要储备的配送货物以及上百架无人机。因为美国低空航空开放，物流前仓成本又很高，所以亚马逊想做一个移动式的空中前仓，甚至把这个前仓变成一艘空中配送机器人的“航空母舰”，当这艘“航空母舰”到达一个城市时，无人机便可以快速完成快递的投放和回收，然后“航空母舰”便去往下一个城市。

贝佐斯还投资了太空探索技术公司 Blue Origin。很多人为此感到诧异，为什么一家电子商务公司要去投资太空科技呢？从本质上讲，这次投资还是以更高效地服务整个商业链条为核心。从这个角度来看，其投资逻辑其实始终围绕构建亚马逊的最新科技商业生态。

事实上，零售行业中 7–11、沃尔玛等众多公司都有自己的卫星及数据系统，因为对于零售供应链而言，供应链数据的高精准度是完成整个产业的成本控制和效率升级的关键。同理，亚马逊若想进一步提升自身的运营效率、货物周转率和供应链效率，也必须有自己的精准位置数据体系。有一个细节曾引发讨论：亚马逊当年挖来的第一任 CTO，既不来自谷歌，也不来自微软，而是来自沃尔玛。

亚马逊目前的所有布局其实都是为了不断夯实和完善整个智慧商业生态系统。亚马逊甚至向全行业开放了自己的人工智能语音底层系统。为什么要这样做？因为亚马逊不仅想要占据某一个商业环节的制高点，而且想要围绕亚马逊的整个商业底层系统构建一套更接近用户的智能化体系，构建上游—中游—下游的系统级的底层竞争力，同时叠加亚马逊的投资、孵化、并购能力，以完成新一轮的资源占据。要实现这种资源占据，最关键的是拥有整个商业底层的核心技术，形成技术壁垒，占领整套技术的制高点。

现在的亚马逊已经摇身一变，成了“黑科技”的孵化投融资集团，占领了下一轮的竞争的制高点，其竞争优势非常明显。

当我们再次深入回溯亚马逊过去 15 年的财务数据时，我们可以更清楚地认识到亚马逊是真正值得众多创业者学习的公司。通过分别统计它的营业收入增长、净利润增长、经营性现金流增长与投资增长数据，我们可以看出，过去 15 年，亚马逊的营业收入保持着 20% ~ 40% 的稳定增长。尽管亚马逊的归属母公司的净利润表现并不稳定，且规律性不明显，但它的经营性现金流的表现非常稳健。随着营业收入稳步提高，亚马逊的经营性现金流与营业收入的比率从过去的 6.55% 稳步提升到了 17.11%，这相当于亚马逊每产生 1 美元的收入，过去只会产生约 7 美分的现金流沉淀，而到2015年之后，其现金流沉淀提高了1倍多（见表 2-1）。

这使亚马逊成为万亿美元级别市值公司中融资最少的几家之一。

这些沉淀资金又变成了它的投资来源，亚马逊的投资节奏也独具特色。我们从表 2-1 中可以看到一个细节，从 2006—2020 年，亚马逊平均投资活动现金流量占经营性现金流约 70% 的水平，尤其在公司的高速成长时期。

可见，贝佐斯确实在20年前就看清了这门生意的本质，并用实际行动验证了这一点。亚马逊每年的成长来自公司能产生的现金流，这些现金流又构成了公司的投资资金来源。这些投资保障了公司规模的持续扩大，并在持续扩大中进一步保障公司长期的盈利能力和市场地位。即便公司有一天停止成长，它仍能随时释放巨额的净利润表现。

正因如此，贝佐斯始终关注的事情不是亚马逊能获得多少净利润，而是把挣来的钱都用于投资，以换取公司未来的成长。

最开始，华尔街也有很多人不认可贝佐斯的现金流估值逻辑，尤其在这门生意的规模还不够大的时候。但如果因为认为亚马逊的估值很高、波动没有规律而放弃投资亚马逊，那么这位投资人可能就错过了美国历史上市值涨幅最大的公司。巴菲特曾经是不认可这一投资逻辑的众多投资人中的典型代表，后来，巴菲特承认，自己过去20年里最大的失误就是错过了像亚马逊这样的公司。

对企业家来说，如果资本市场不认同自己的成长逻辑，但又自认为看清了生意的本质，没关系，做给资本市场看，市场最终会证明谁是对的。

反观现实，很多创业者和企业家都喜欢问自己的公司应该用什么样的估值方式。

这其实是一个认知误区，估值方式不按约定俗成的逻辑，其实质是一个博弈的结果。对投资人来说，他们都希望用相对低的估值投资足够便宜的好公司；对创业者来说，他们一定希望获得更高的估值。

这是一个两者博弈的过程，双方永远有各自的看法和立场。在这场博弈中，对创业者来说，最重要的事情是当投资人不认同自身的业务逻辑时，仍旧能沿着自己认定的成长方向持续成长，用经营结果证明自己是对的。

投资逻辑和估值体系的意义在于判断一门生意最终是否有价值，并确定合适的价位。

在过去 10 年，贝佐斯几乎所有的收入都来自亚马逊的市值增长。得益于亚马逊规模的不断扩大、市值的不断增长，他即便在不断减持股票的情况下，仍能凭借股价的稳定提升而拥有稳定的收入，并且在这样一个过程中，保障并促进亚马逊的产融互动循环。

亚马逊的资本成长带来的 4 点启示

第一，成长性不只是净利润的游戏，它是企业的收入规模、现金流、组织能力、业务体量、商业生态、行业影响力综合作用的结果。对于一家希望保持长期持续成长的企业来说，利润是结果，其背后是底层商业模式的成长、战略逻辑的成长、投资空间的成长以及核心竞争力的成长，甚至包括生意逻辑的成长。对企业来说，成长性没有时间限制。亚马逊 25 年的万亿美元级别市值成长之路，看得到的是它有将近 10 年没有净利润，看不到的是一个图书电商公司逐渐成长为智慧商业科技集团。

第二，长期成长性和短期利润有时是矛盾的。亚马逊一直在强调自己经营的是一个长期生意，所以它始终坚持获得企业的长期价值成长，有时会牺牲短期的利润，这使得它所有的战略选择都是围绕企业的长期价值归属展开的。在一定程度上，成长性就是长期投入与短期变现之间的平衡。过度牺牲短期利润可能导致企业得不到资本市场的支持（资本市场存在的意义其实是支持企业的长期发展，但资本市场本身又体现为急功近利的短期业绩兑现），这就对成长性提出了一个新的要求：在长期价值成长归属与短期利润表现之间寻找一个矛盾性的平衡点，以期获得资本市场的支持。甚至可以说，投资人的长期信任，或者说是为了高成长性而以短期业绩为代价的高容忍度，已经成为企业在产业竞争中的重要筹码与战略性资源。

第三，构建持续成长的底层商业逻辑是资本成长的底层规律。从成长规律来看，不仅亚马逊，其实所有细分产业的龙头企业，都是因为形成了一套基于底层商业逻辑的持续成长方式，所以才能持续成长。真正的平台级企业的成长，都是因为构建了一条对所有商业参与者都有利的长期赛道，不断构建商业能量和商业系统，并且长期在商业系统、底层基础设施上提供服务，才能完成最终的变现。

第四，长期来看，企业的成长性和资本价值互为因果。没有资本市场的支持，就不可能有万亿美元级别市值的亚马逊。同理，如果亚马逊没有关于自身成长的底层设计，也不可能获得资本市场的长期支持。在不同阶段，资本市场关注的东西不同，投资逻辑也不尽相同。拉长周期，从大产业布局角度看，真正有长远抱负与理想的企业，收入规模突破早两年或晚两年、短期内某次融资估值高或低以及某一次业务多赚点钱或少赚点钱，都只决定了企业短期的价格波动。企业真正要做的，是确保自己正在做的是正确的事情，是确保自己走在正确的赛道上，这才是企业持续成长的关键。

第 3 章　企业成长的 3 个关键性经验指标

通过共享单车的行业案例与亚马逊的成长复盘，我们抽丝剥茧，逐步对成长性与资本化有了一定的了解。我始终认为，企业的成长性带来企业的资本化价值，企业要想追求资本化价值，必须思考如何突破自身成长性的瓶颈。

现在，我们面临的更重要的问题是：到底什么是“成长性”？能否用更为精准的定义来明确“成长性”？

在投资与咨询行业，成长性是所有人都在提的关键词。过去，我们对成长性的定义其实一直很模糊，严格、严谨地对“成长性”这个词进行定义似乎很难，因为企业的成长路径本身就五花八门。

所以大家经常会有这样的论断：中小企业就是成长性企业，

连续两年利润增长超过30%的企业就是成长性企业，净利润不增长的公司就不是成长性企业。

在我看来，以上3种理解都存在片面性。

在给出定义前，我们不妨换个角度再次阐述和厘清成长性与资本化之间的关系：当一家公司实现了长期价值的持续增长，它便具备了基于时间的增值价值。一旦这种时间的增值大于资金的时间成本，便会带来资本对该公司权益分享的追逐。这种资本追逐体现为公司可以通过更高的价格交易自身的股权或债券（或者某种相关的权益分享工具），公司的权益价值一旦变得可以被交易，就可以被定价。这个追逐过程体现为价格的逐步升高与交易买卖的活跃，只要公司的未来价值高于当前价值，以更高的价格出售当前的权益就可以实现。

我们将它称为资本的流动性。这种流动性使公司的权益分享权（股权或债券）可以与现金进行一定比例的交换。流动性越强，交换的即时性越强。即时性越强，这种股权或债券换取现金的能力就越强。这又使企业可以通过换来的现金资源购买其他生产要素（专利、品牌、渠道、人才、技术等），这些新的生产要素进入企业会带来新的经营能力，从而创造更多的经营成果（注意：短期内并不一定体现为净利润的增长），最终体现为更高的企业内在价值的成长。这便是企业成长性最原始的体现。

基于这个逻辑，以及关于成长性的进一步量化，结合我的长期实践，我认为关于企业成长有3个经验指标具有借鉴意义。

指标一　3 年收入规模实现 10 倍增长

收入规模在 3 亿元以内的公司（此收入规模亦是经验指标的模糊划分），是否具备 3 年收入规模实现 10 倍增长的空间，是有效判断公司未来成长潜力的指标之一。假设一家公司的营业收入已达到 1 亿元，并且 3 年收入规模实现 10 倍增长，那么未来 3 年的收入可以达到 5 亿 ~10 亿元。单纯评估收入增长率指标，存在一定的片面性，主要体现为两个极端：一是对于某些高毛利行业，3 年收入规模 10 倍增长并不是一件非常容易的事情；二是对于一些贸易型公司，收入规模增长 10 倍不一定代表着成长性价值的实质提升，同时还需要排除一些无实际意义的报表拼凑的情况。但一般情况下，3 年收入规模实现 10 倍增长，依旧可以作为衡量企业成长性的一个重要参考指标。

具体来说，如果一家公司当前的收入规模为 1 亿 ~3 亿元，而其未来的收入能达到 10 亿 ~20 亿元，那么它基本可以成为一个百亿元级别的细分行业龙头企业，或者是千亿元级别赛道上的一个有力竞争者。

如果是已有一定收入规模的公司，比如已经在 A 股市场上市的中等收入规模的公司，我们可以适当调整评估标准：收入规模起点为 3 亿 ~5 亿元的公司，未来 3 年实现 5 倍增长，对应 3 年后 15 亿 ~25 亿元的预期收入规模，企业拥有一定的安全边界，具备初步的抗风险能力，也拥有一定体量的产业竞争能力和产业盈利能力。这个体量其实就是当前A股市场中大量的中低市值上市公司的体量。

进一步推论，如果一家企业现在有一两亿元的收入规模，如果其在3年内收入规模实现10倍增长，即未来收入规模达到10亿元，净利润空间可能就有1亿元，按40倍市盈率计算，该公司未来的市值可能有40亿~50亿元。基于此，初步的资本化机会开始出现。

而在目前中国的产业发展阶段，实现3年收入规模10倍增长对公司来说其实是一件非常不容易的事情。如果某公司做到了，那么它就能实现远高于经济整体增速的业务增长，此时，其背后的产业逻辑、战略设计、组织能力、商业模式应该都已经完成了基础的设计与思考。

A股市场过往的数据在一定程度上也能够支持这个经验结论。下面我们着重分析过去5年上市公司的业务成长数据（见图3-1、图3-2与表3-1）。这里统计了2017—2019年这3年内（以2016年年底的估值为基准）收入增长超过3倍的61家上市公司的估值表现，分析已上市公司收入的高增长带来的估值溢价效应，其中剔除了借壳重组、2年以内的次新股以及长期亏损带来的极端数值变化。

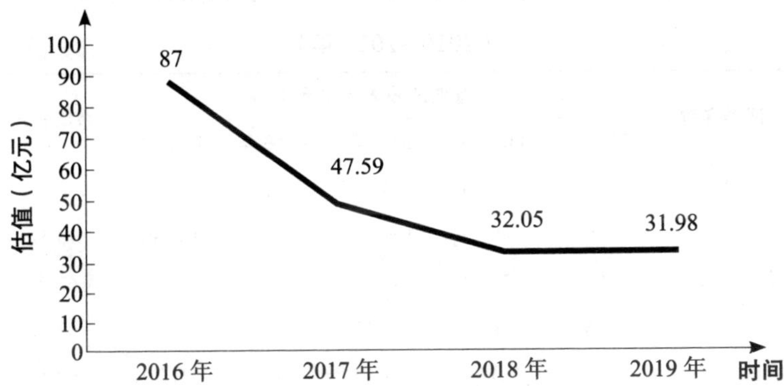

图 3-1　营业收入增长超过 3 倍的 61 家上市公司的平均估值（2016—2019 年）

数据来源：Choice。

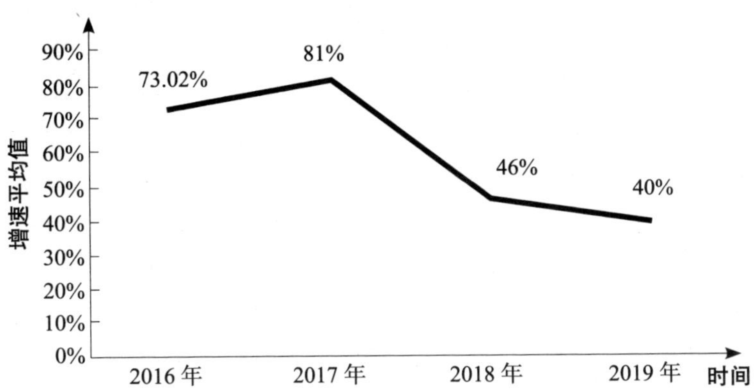

图 3-2　营收增长超过 3 倍的 61 家上市公司每年增速平均值（2016—2019 年）

数据来源：Choice。

表 3-1　A 股市场估值增长超过 3 倍的 61 家上市公司一览表
（2015—2019 年）

证券名称	营业总收入（亿元）					净增长率
	2015 年	2016 年	2017 年	2018 年	2019 年	
智飞生物	7.13	4.46	13.43	52.28	105.87	1385%
宁德时代	57.03	148.79	199.97	296.11	457.88	703%
华联控股	4.09	21.72	39.72	33.35	31.69	675%
桂东电力	35.91	52.13	102.45	119.33	264.62	637%
吉比特	3.00	13.05	14.40	16.55	21.70	623%
捷佳伟创	3.50	8.31	12.43	14.93	25.27	623%
深圳华强	20.34	55.45	82.98	118.00	143.55	606%
齐翔腾达	42.78	58.75	222.26	279.24	300.58	603%
国恩股份	7.50	12.83	20.47	37.24	50.69	576%
牧原股份	30.03	56.06	100.42	133.88	202.21	573%
嘉友国际	6.27	9.57	32.44	41.01	41.71	566%
万集科技	5.12	6.36	6.29	6.92	33.51	555%
搜于特	19.83	63.24	183.49	185.19	129.48	553%
博世科	5.05	8.29	14.69	27.24	32.44	543%
立讯精密	101.39	137.63	228.26	358.50	625.16	517%
荣安地产	11.24	17.28	42.64	39.68	66.63	493%
广和通	3.26	3.44	5.63	12.49	19.15	487%
汇顶科技	11.20	30.79	36.82	37.21	64.73	478%
吉宏股份	5.22	5.70	11.33	22.69	30.09	477%
盛屯矿业	66.62	140.29	228.42	339.25	373.14	460%
隆基股份	59.47	115.31	163.62	219.88	328.97	453%

（续）

证券名称	营业总收入（亿元）					净增长率
	2015 年	2016 年	2017 年	2018 年	2019 年	
拓斯达	3.02	4.33	7.64	11.98	16.60	449%
开润股份	4.94	7.76	11.62	20.48	26.95	445%
广东明珠	2.18	2.40	6.41	7.19	11.86	445%
再升科技	2.34	3.20	6.40	10.82	12.52	436%
健友股份	4.69	5.82	11.13	17.00	24.70	427%
晶盛机电	5.92	10.91	19.49	25.36	31.10	425%
璞泰来	9.23	16.77	22.49	33.11	47.99	420%
浪潮信息	101.23	126.68	254.88	469.41	516.53	410%
财信发展	6.68	17.16	18.03	30.48	33.94	408%
名家汇	2.48	4.16	6.82	13.07	12.52	406%
浙江鼎力	4.79	6.95	11.39	17.08	23.89	399%
高能环境	10.18	15.65	23.05	37.62	50.75	398%
恒立液压	10.88	13.70	27.95	42.11	54.14	398%
天成自控	2.93	3.61	7.83	9.58	14.56	398%
国立科技	5.23	6.31	7.58	10.92	26.02	397%
凯乐科技	32.30	84.21	151.38	169.58	158.60	391%
万孚生物	4.29	5.47	11.45	16.50	20.72	383%
亿纬锂能	13.49	23.40	29.82	43.51	64.12	375%
中来股份	7.34	13.88	32.43	26.92	34.78	374%
普利制药	2.03	2.48	3.25	6.24	9.50	368%
精测电子	4.18	5.24	8.95	13.90	19.51	367%
美康生物	6.83	10.55	18.05	31.35	31.33	359%

（续）

证券名称	营业总收入（亿元）					净增长率
	2015 年	2016 年	2017 年	2018 年	2019 年	
艾迪精密	3.17	4.00	6.41	10.21	14.42	356%
迪安诊断	18.58	38.24	50.04	69.67	84.53	355%
中石科技	1.78	1.98	5.70	7.63	7.76	335%
润达医疗	16.29	21.65	43.19	59.64	70.52	333%
龙蟒佰利	26.60	41.84	103.53	105.54	114.20	329%
康泰生物	4.53	5.52	11.61	20.17	19.43	329%
洲明科技	13.06	17.46	30.31	45.24	56.04	329%
瑞茂通	94.05	212.34	374.97	380.96	402.57	328%
振江股份	4.22	8.23	9.43	9.80	17.86	323%
海辰药业	2.21	2.81	4.55	7.12	9.25	318%
水井坊	8.55	11.76	20.48	28.19	35.39	314%
东旭蓝天	16.66	37.74	81.31	86.76	68.06	309%
紫光股份	133.50	277.10	390.71	483.06	540.99	305%
中持股份	3.30	4.09	5.29	10.34	13.37	305%
国瓷材料	5.33	6.84	12.18	17.98	21.53	304%
飞荣达	6.47	8.43	10.36	13.26	26.15	304%
科大讯飞	25.01	33.20	54.45	79.17	100.79	303%
南威软件	3.42	4.68	8.07	9.79	13.79	303%

数据来源：Choice。

根据表 3-1 推算，符合条件的、营业收入增长超过 3 倍的 61 家上市公司，在 2016—2019 年这 4 年间平均市盈率为 87.0 倍、

47.6 倍、32.1 倍和 32.0 倍。

这至少可以说明以下两点。

第一，收入规模持续增长的公司整体的估值水平较 A 股市场更高，尤其是这些看起来在未来 3 年可能实现高速增长的公司，在 2016 年这个高增长启动的早期时点，就已经体现出高估值的特点。

在这一统计标准之下，A 股市场出现了诸如立讯精密、科大讯飞等成长性标杆企业。

第二，资本市场必然会对高成长性公司的估值溢价做出提前反应。因为资本市场经常会提前反映上市公司的未来成长预期，所以它会把未来成长预期提前反映到估值的提高中。从图 3-1 中，我们可以明显看出 2016 年的市值数据高于这些公司后两年的平均估值水平。因为资本市场一般可以提前反映公司未来的成长性，所以我们默认在 2016 年这个时点，资本市场已经判断出未来 3 年这些公司将出现高增长，从而给予了这些公司更高的估值。

指标二　5 年净利润突破 1 亿元

这个指标具体是指有潜力在未来 5 年实现净利润突破 1 亿元的成长性公司。净利润 1 亿元，如果乘以 50~60 倍的市盈率，就表示该公司未来具备 50 亿 ~60 亿元的市值潜力规模。这一指标比较适合用来判断已经具备一定盈利能力且未来还可以持续增长的行业。现在很多公司一年的净利润达到一两千万元还是相对比较容易的，但年净利润在短期内要突破 1 亿元，极具挑战性。有些行业的发展空间和行业规律决定了一些公司的利润规模无法突破亿元大关。

此指标也适合用于判断短期不盈利但具备成长空间的业务。公司在短期内因为加速布局可能需要承受阶段性亏损，但是这种战略性的加速布局带来的是长期盈利的变化，所以仍然可以用未来 5 年的盈利能力来评估公司的长期价值。

对已经有一定盈利体量和能力的公司，尤其是一些上市公司，这一经验指标同样适用，但其规模范围可能需要同步调整以适配不同企业。作为 A 股市场的上市公司，一般来说，净利润超过 5000 万元才有可能实现 IPO，已经上市的公司比较适合将未来 5 年的净利润目标上调到 3 亿 ~5 亿元。

这一指标也存在一定的局限性，尤其是对规模已经比较大、盈利能力比较稳定的公司，通过这一指标判断它们的成长性，会显得不够灵活，因为这一指标更多的是考察公司未来 5 年的盈利能力的静止状态。

考虑到数据完整度，这里还是用 A 股市场的上市公司的数据来进行更全面的数据论证。

我们统计了过去 5 年 A 股市场上市公司的净利润，条件是 2015 年时上市公司的净利润不低于 5000 万元（如净利润太低或处于亏损状态可能是业务波动所致）且 2019 年的净利润不低于 3 亿元（剔除重组、1 年以内次新股、异常波动极值）。

通过统计计算、分析符合条件的 72 家上市公司的平均数据，我们有以下 4 个发现。

第一，在符合条件的上市公司中，不乏佛山照明、卫宁健康这样具有代表性的成长性公司。2015—2019 年，72 家上市公司的平均净利润分别是 1.3 亿元、2.1 亿元、2.8 亿元、3.4 亿元、3.4 亿元（见图 3-3）。

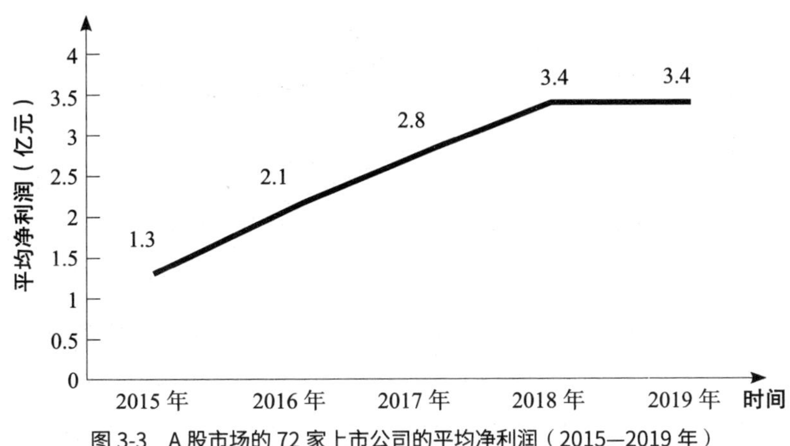

图 3-3　A 股市场的 72 家上市公司的平均净利润（2015—2019 年）

数据来源：Choice。

第二，2019 年业绩未出现增长，整体净利润增长乏力，主要原因可能是中低市值公司出现大面积、普遍性的计提商誉减值，以及在去杠杆环境下上市公司的再融资受阻，同时叠加整体经济的影响。

第三，在统计范围内的上市公司每年的平均动态市盈率分别为 90.3 倍、50.4 倍、30 倍、19.2 倍、26.7 倍（见图 3-4）。

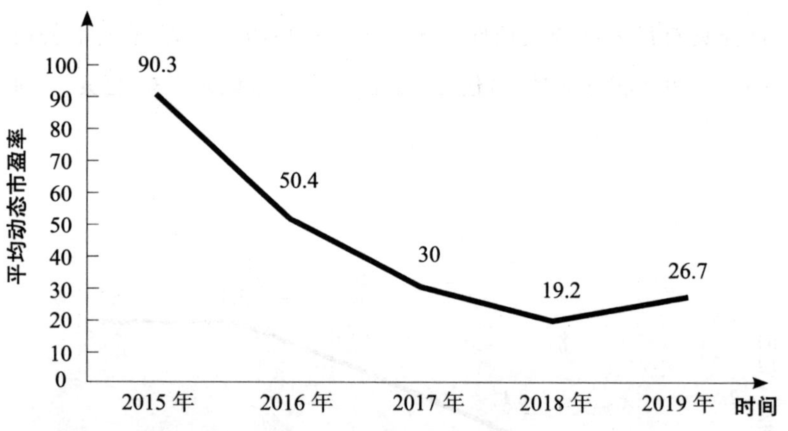

图 3-4　A 股市场的 72 家上市公司的平均动态市盈率（2015—2019 年）

数据来源：Choice。

第四，当这些公司在资本市场上表现出一定的未来净利润增长的明显预期时，在利润表现早期（甚至在还未表现出利润时），估值会非常高，但是在利润实现之后，估值开始回归，资本市场会提前 2~3 年反映公司未来可能的盈利状况。这也从侧面证明，如果一家上市公司的未来成长性能够获得资本市场认同，它就能提前获得资本的溢价。

对于专业投资人来说，在一级市场投资和二级市场投资的底层投资逻辑是相通的，无非是层次与程度不同：具体可能体现为二级市场的估值波动更大、流动性更强、估值溢价更高，而不会有方向的变化。因此，我们认为二级市场的估值逻辑经验对一级市场和已上市公司也有借鉴意义。

指标三　中期百亿元市值潜力空间

公司未来的一段长周期（5 年或更长时间）内能实现百亿元的市值规模。百亿元市值规模说明这是一个有着强势产业地位、具备强大盈利能力的公司，从传统估值逻辑上看，至少说明该公司未来具备每年实现 2 亿 ~3 亿元净利润的盈利能力（注意：盈利能力不等于当年净利润），这就包括某些短期内还在重度投入且不盈利的科技型公司，但这类公司未来有着更加具备想象力的产业规模、行业空间、工作的独创性以及之后可带来的十分可观的盈利。

这一指标适合应用于短期内还看不到明确盈利变现路径，但从长期来看存在确定的产业机会又具备硬核科技能力的行业。

具备百亿元市值潜力，基本说明公司已经初步具备冲击中国“新蓝筹公司”的潜力，这种公司所处的行业，多为未来存在长期确定的基础需求的行业。

同样，这一指标也存在局限性，比如短期人为炒作可能会带来的估值波动，二级市场的一些“妖股”，或者一级市场的某些“伪独角兽”。

案例

小仙炖的 10 倍成长赛道

收入高增长的典型代表之一是小仙炖。这是一家得益于行业需求爆发与公司经营升级共振而实现企业收入高增长的典型代表。

在分析之前，我们先回顾最近 10 年燕窝市场的变化：从最开始的线下购买到找人代购，主打高端礼品；再到微商兴起，燕窝平民化、日常化；如今在电商平台就可以购买，甚至可以在购买后由商家直接炖好了送上门。小仙炖正是其中的代表企业之一。

小仙炖的成功有很多原因，其中最根本的原因是受到行业整体增长的影响。从大的维度来说，企业自己经营得好不好只能决定自己与竞争对手的竞争结果，比竞争对手经营得好的企业未必都能发展壮大。我们通过分析发现，小仙炖成功的根本原因在于其所在行业的发展。

那么，燕窝行业到底是一个什么样的行业呢？通过分析，我们可以发现，燕窝行业具有以下典型特点。

第一，燕窝是一种自带保养属性的食品。在古代，燕窝是富贵人家美容养颜的滋补珍品，在大多数人的认知中，燕窝总是与保养有关。

第二，这个市场近些年的复合增长率非常高。由于消费升级等各种原因，最近两三年国内燕窝的消费量持续上升，复合增长率基本上超过了 50%。全球燕窝的总产能是 2000 吨，其中 70%

的燕窝被中国人消费，从中国南部以及东南亚一带、中亚一带采集的燕窝通常都被中国人消费。

第三，这个行业的未来规模可达千亿元级别。按一年人均消费 2 万元计算，消费人群达 100 万人，粗略计算这也是一个 200 亿元级别的市场（目前行业统计口径下的行业规模在 2019 年达到 280 亿元级别，基本符合逻辑推算）。其中，燕窝的重度消费人群按不同维度分类，分别是高净值女性、老人、孕妇。仅以孕妇为例，中国现在每年的出生人口约 1400 万，“新妈妈人群”超过 1000 万。再算上老年人、高净值女性、部分年轻白领女性，燕窝的目标消费人口应该已经过亿了。结合燕窝消费的高端定位，假设目标消费人口基数为 5000 万，100 万人对应的渗透率仅 2%！如果未来渗透率能达到 6%，再加上消费频次与客单价进一步提高，未来该行业跨过千亿元级别行业规模应该是很轻松的。

2013 年成立的小仙炖公司正是在这样的行业背景下成长的。最开始，创始人在自己的朋友圈里卖燕窝，相当于最早一批卖燕窝的微商。据说他们收入还不错，但是复购率不太高，根本原因在于燕窝的加工处理比较复杂，很多购买燕窝的客户虽然有消费需求却加工无方，因而复购率一直处于低位。

2014 年，小仙炖开始尝试生产短期保质的即食燕窝，从小作坊式生产慢慢扩大规模，开始在线销售，并且通过在线销售找到一些线下合作单位共同推动业务的发展。

2015 年，小仙炖拿到洪泰基金 300 万元的投资，用以投建自己的标准化工厂，并开始成规模地推进自有鲜炖燕窝品类开发。

2016 年，小仙炖参加《合伙中国人》节目，估值达 7000 万元，获得 1000 万元的融资。同年，小仙炖的销售额达到 5000 万元。凭借融资，小仙炖开始全面强化品牌建设，切割了一些非核心品类、不相关的业务，然后完全取消分销商和城市合伙人模式，以电商渠道和在线渠道为核心，开始集中拓展流量来源。

2017 年，小仙炖拿到正式的一轮投资，估值 1.7 亿元，投前 1.5 亿元，又引入了一轮融资。其间，融资对其渠道建设发挥了非常重要的作用。

2018 年“6·18”年中大促，小仙炖一天的销量同比增长 300%，卖了 180 万份，2018 年全年销售额达到 3 亿元。同期，同类公司燕之屋的收入规模约为 10 亿元。在 2018 年，鲜炖燕窝和燕窝在线销售品类逐步出现了一些龙头公司。

2019 年，小仙炖开始推动新一轮的在线合作，收入规模达到 5 亿 ~8 亿元。

小仙炖的成长，是一个因为行业赛道增长且自己又选对打法而实现收入高增长的典型案例。小仙炖现在的估值已经超过 30 亿元。

第 4 章　企业关于成长性的思考

我们讲了这么多成长性的重要性，由此可以看出成长性直接关乎企业发展的底层逻辑与未来出路。此外，我认为成长性甚至决定了一家企业的经营段位、未来走向、内在基因，以及开始挑战企业的自我成长方式。

那么，关于成长性，企业内部应该如何展开思考？

突破成长性瓶颈，企业成长的深度思考颠覆

如前文所述，企业未来资本化的初始变量——突破成长性瓶颈，是任何一个企业在发展过程中都必须深度思考的，在企业的经营规划中不可或缺。

如果长期深耕一线商业，就会发现，任何一个国内主流的投资赛道都有大量的行业参与者。参与者都面临一个问题，即在同样的赛道中，大家该选择怎样的方式利用行业机会。从表面上看，不同的企业有不同的机会，不同的基因、能力、资源构成了一个企业最终业务开展的具体形态。从本质上看，行业机会体现为企业创始人及核心团队对企业未来业务经营的成长性中具体业务的深度构思。

企业经营的本质是思维的实践。任何一家具备长期发展潜力、年营业收入规模不超过 10 亿元的企业，都必须完成成长性的深度商业逻辑构建。企业未来到底有没有可能实现 3 年收入规模的 10 倍增长（以另两个指标作为思考路径同样如此）？如何实现 3 年收入规模的 10 倍增长？这直接决定了企业未来在资源吸纳、资本融资、业务发展、招揽人才等方面的能力。甚至可以说，一家企业是否具备高速成长的潜质，直接决定了其长期的资本化杠杆效应。

经过 30 年整体经济的高速增长,“惯性增长”势头依旧强劲。大多数企业在思考未来成长性时不太会选择主动型战略，尽管防御型战略几乎是当前大多数企业普遍采取的一种发展战略。

成长型战略是进攻型企业会选择的发展路径。过去 10 多年的战略和资本咨询经历让我认识到，具备长期快速成长潜能的企业，其社会资源调动能力显著强于本身处在存量静态下的公司。

国内所有的主流战略、管理思想、底层思维逻辑其实都来源于战略三层次理论，即一个公司的战略选择主要来自以下 3 个层次。

第一，外部机会在哪里？这本质上讨论的是一个企业所在的行业中有哪些事情是未来值得做的，行业下一步的发展趋势以及外部的增量机会在何处，即企业进一步突破自身成长性瓶颈的土壤在哪里。

第二，内部能力的本质是什么？相对于同行，企业的竞争比较优势是什么？有什么事情是企业能做而别人做不了的？企业能做什么事情以及会做什么事情？这个层次在“我是谁”这个问题下，集中回答了企业的核心竞争力及选择。

第三，愿景选择。这个层面强调企业在利用外部机会决定“什么值得做”与根据内部能力决定“什么能够做”之间选择发展路径，讨论的是组织的使命、愿景与长期价值观，需要企业在机会和能力的多重匹配路径下匹配主观意愿，以实现自己的长期价值追求。

以这 3 个层次的系统思考为基础，企业的长期成长性战略选择构成了中国企业主流战略管理的基础思维模型。国内大多数主流战略管理体系都是基于这个模型进行的延伸和变化，我自己的理论也是如此。

在长时间的战略咨询实践过程中，我逐渐感受到，如果以此模型推导企业未来的成长性变化，容易过度线性化，将企业的成长固定在一套格式化的体系内，从而导致企业陷入战略管理的困境。采用体系化、流程化程度越高的战略管理工具，企业越跳不出成长性的线性路径，无法突破成长性瓶颈，反而会形成思维分析方法上的路径依赖。

总而言之，在企业成长路径的选择上，战略三层次理论比较重视企业的内部能力，并以此作为未来业务发展选择的前提条件之一。举一个偏激但是比较恰当的例子：修电脑的人原则上不会去开餐馆，因为两者所需的核心能力完全不一致。在战略三层次理论中，内部核心能力的内在逻辑就是如此，餐饮行业再好，其在逻辑上与电脑维修也不具有业务上的线性关系。

所以，内部核心能力对企业成长路径的选择构成了前置性约束。但是从另一个角度看，“过去不具备某种核心能力”与“未来将具备某种核心能力”之间，存在本质上的区别。

我参加过一个上市公司的战略研讨会，该公司的董事长明确提出：假设需要将“核心能力”作为公司突破成长性瓶颈的前提，那么公司在创业之初不具备任何未来成长的可能性。这家公司的老板是白手起家的，他当年因为抓住了某个风口级的机会赚到了“第一桶金”，然后逐步发展业务能力和组织能力，沉淀资源，带领公司走到了现在。

这家上市公司提出的公司突破成长性瓶颈假设，其实是很多公司面临的成长性困惑。在没有能力的时候，公司不具备成长能力突破的空间。如果公司过度注重以自身能力为前提进行机会选择，很可能即使看到了机会也会因自身能力不足而任它消逝，对于这样的情况，我称之为企业发展的“成长性陷阱”。

一些企业家的创业实践忽略了一个很大的点，就是“人与组织的自我进化与能力升级”。任何一个组织或个人，如果以 3 年跨度来看，只要这个组织或个人的主观能力足够强，便能够完成能力的自我升级。

成长性的本质，是打破线性发展路径的束缚

企业成长的关键是摆脱原有的发展路径依赖，实现企业的非线性增长。这个过程构成了企业的成长性来源。

企业突破成长性瓶颈是如何完成底层的业务逻辑选择思考的？我认为，一个企业未来成长性战略最关键的逻辑可能不再遵循战略三层次理论，即不再是“什么值得做”“什么能够做”“想要做什么”，而是基于企业所处的长期外部环境代表的新的机会和方向，寻找成长空间，决定公司的长期路径选择，并在此过程中以实现自身的愿景选择为前提（注意：并非以能力限制为前提）。也就是说，企业要在能够长期增长的赛道中，首先完成长期组织愿景与价值取向选择——想做什么比能做什么更重要，并在清晰定义想做什么的过程中明确企业的长期成长目标，再以此为基础倒推能力差异与资源需求，寻找长期成长目标与当前实际状况之间的能力矛盾，并将这种矛盾倒推与分解成具体的能力补齐方案，再进一步拆分成具体的行动计划与执行路径。

我们再回过头来看“什么值得做”“想要做什么”“如何能够做”。对于处于成长期、需要完成自我成长性变革的企业来说，这应该是一种底层的成长性思维方式。相比之下，传统的战略三层次理论作为战略之一，更加适合处在稳态产业经济环境中做存量业务选择的企业。

一个处在高速成长变化环境下的成长性企业用传统的战略三层次理论进行业务选择和指导，可能永远难以提出精彩的、有创意的战略，因为其成长性思维方式已经被“已有能力”这一前提条件限定。这时，甚至会出现一种企业成长悖论：已有能力越强的企业突破成长性瓶颈的包袱就越重。因为已有能力本身构成了新的成长性的限制条件。

从这个角度来看，突破成长性瓶颈的关键在于，作为企业或个体，基于外部机会和自己的目标设定反推能力建设，在能力建设上不拘一格、大胆假设。

成长性思考的底层思维模型

基于此，我们再次思考企业成长性实践是如何构成的。

企业如何突破成长性瓶颈，本质上取决于以下 3 个因素。

第一，企业处在正确的高速成长的行业赛道中。这样的行业赛道用巴菲特的话来说就是“长长的坡、厚厚的雪”，企业能够在这个赛道中逐渐“滚雪球”。高速成长的赛道普遍具备两个特点或者至少二者居其一。一是行业本身处于高速成长状态，即行业处于行业孕育期或快速导入期。这种行业发展阶段的典型特点是与行业相关的资本显著流入，人才进入，其他资源涌入，行业机会源源不断，具体表现为行业同比增长持续高速增长（可以GDP同比增速水平的4倍为量化参考指标）、行业内不同梯队的企业普遍处于盈利水平提升的状态。二是行业整体处于高速增长态势（可以GDP同比增速水平的2倍以内为量化参考指标），且行业总量存量规模巨大，存在大量以高效率结构替代低效率结构的模式与产品替代机会，具体表现为在某一个相对成熟、整体并没有高速增长的行业中出现了某种新模式、新业态，对传统的供给进行了整合或替代。可以确定的是，如果行业内不存在这两种情况，企业要完成非线性的高速增长，难度会显著增大。

第二，企业家对生意模式选择的深度思考能力强。该因素具体体现为企业在战略决策、商业模式、组织形态、产业位势、核心能力等多个方面的竞争优势。这些具象竞争力在底层体现为企业家对生意品质的深度思考能力。甚至可以说，一家企业的高成长性，来自企业家利用自身的深度思考能力对企业业务模式的构建。因为在任何一个行业中，如果存在高速增长的企业，就一定会出现没有高速增长的企业，这其实是两家企业竞争效率结果的体现。两家企业虽然处在同一个行业赛道，却表现出了不同的增速水平，因此其在生意模式上体现的核心竞争力也会有所不同。

核心竞争力的不同源于企业家团队的不同，而团队之间真正的能力差异源于自身深度思考能力的不同。有些企业家可以通过深度思考预判未来可能出现的商业竞争之中的优势、弱势与不同的竞争情况。具备深度思考推演能力的企业家能够在竞争发生之前率先完成对生意逻辑的优化，以进一步提升商业竞争的效率。

第三，企业团队的高强度执行力。思考能力之外，重要的是完成深度思考能力的高强度落地。在同一行业，企业很可能有着同样的判断力和不同的执行落地能力，最终体现出来的组织行为效率一定不同。因此，企业要实现自身成长性的边界突破，除了企业家要有深度预判能力与思考能力，最重要的是能够将思考落实到位，且通过强有力的机制保障每一个执行动作的落地效果。

以上 3 个因素是企业突破成长性瓶颈的必要条件，缺一不可。如果企业家具备深度思考能力，也有强大的执行力，但其所处的行业赛道不佳，至少短期内团队还需优化业务选择。而如果企业家所处的行业赛道能保持高速增长，自身执行力也非常到位，但是他并不具备深度思考能力，最终的结果很可能是无法在更高的产业站位上完成产业布局，从而错过机会。

一旦产业周期的风口开始回归，企业可能就会出现执行效率很高但战略动作效果持续衰减的现象。究其本质，还是企业家的战略思考不到位，对行业的深度判断不够准确。而如果赛道处在持续高速增长状态，企业家也具备深度思考能力，能够准确判断未来行业中胜出的企业需要具备的竞争要素，却始终无法执行到位，最终结果很可能是将一手好牌打得稀烂，最终体现为想到却做不到。

资本市场选择企业的底层逻辑也是如此。从大方向上看，资本大多聚集于当前业务处于高速增长态势的行业以及未来可能出现高速增长的行业。资本市场上的资金首先会基于行业成长性对行业配置进行筛选，因为只有高速增长的行业才有可能赚取超额的资本收益。

从大逻辑上讲，行业增长本身不构成投资的最终决定性因素，因为通过自上而下的投资研究方法推导出来的重大高速增长行业机会，结论都是接近的。这也是为什么很多大型投资机构真正的持仓比例和行业配置非常接近，因为自上而下的投资研究方法在本质上是一致的。在一般情况下，两家同类型投资机构对大机会的判断十分接近。

但是为什么投资机构之间的投资差异如此之大呢？其逻辑仍然来自投资机构对企业的选择：在同一个行业中投资不同的企业，结果可能完全不同。投资机构如何选中未来的第一名尤为重要，其选择逻辑是“谁更加具备高成长性，就选择谁”，高成长性则来自企业本身的竞争力构建，而竞争力来自企业家的深度思考能力及其团队的落地执行能力。

在这个过程中，一旦资本市场选择了具备更强的深度思考能力与落地执行能力的企业或团队，资本资源就会优先向这家企业倾斜；而企业一旦拿到资本资源，它用资本资源换取其他生产资料资源的能力将变得极其强大，它获取其他生产资料资源的实际成本就会大幅降低，获取速度也会大幅提升，而资源获取速度的提升又进一步促成了企业成长性的自我升级。

资本力量将加速企业的成长性确认。基于此，企业完成自我成长性的变革与突破成为企业获取资本资源的前提。摆脱企业成长性的路径依赖和成长束缚，是企业获得超额资本资源的必然和必要前提。

第 5 章　关于资本力量的再思考

在我们讨论了这么多成长性与资本化之间的关系之后，我们可以再次反思：资本市场到底给企业成长带来了哪些帮助？对于企业成长来说，到底要如何利用资本市场？这其实是个非常深刻且影响深远的话题。

既然企业能够向资本市场借势，那应该各显神通才是，但为什么我们看到的真实结果并非如此呢？我们从理论逻辑上能够推导出资本市场可以带给企业诸多好处，事实上，真正能够借助资本力量以合理方式推动自身发展的企业并没有想象中的那么多。其中很多企业要么剑走偏锋，经营走形，给企业经营带来巨大风险；要么畏葸不前，犹豫不决，对资本市场望而却步。

究其原因，更深层的问题隐含其中——其实大多数企业在发展过程中，对于到底该如何正确、合理地利用资本市场并没有真正形成体系化的认识。有的企业只是抱着投机的心态，误以为拿到一轮融资就可以换来企业发展的高枕无忧，有的企业甚至企图利用证券资本圈钱套利。因此，企业正确认识资本规律显得尤为重要，尤其是对于企业家与创业者来说，这是重要性不亚于财务、营销、管理的又一个企业经营必需的专业知识体系。

资本市场为企业解决的 7 个关键问题

资本市场正在深刻地改变创业方法、创业思维，甚至包括创业和企业经营的基础思想，而且这种影响是彻底、持续且不可逆的。于企业而言，资本市场主要解决了 7 个关键问题。

1. 系统解决公司经营正规化、规范化的问题

为了抓住良好的经济环境带来的机会，有的民营企业的创业者以生存为导向，在企业经营中大多以市场为先。

有的企业领导者既是员工，又是大股东、董事长。很多企业都有糊涂账，甚至连股东、董事长、销售等角色都没能完成职能的分离，致使资源整合无法实现，没有一套系统的制度机制和管理体系。

2. 解决产业结构和业务结构选择的问题

资本市场能帮助企业思考战略设计，从而帮助企业解决产业

结构和业务结构选择的问题。

如前文所说，从亚马逊等案例来看，资本市场对产业未来成长预期的研究，会反向影响企业的战略设计，并最终体现在企业对产业结构和业务结构的选择上。同理，企业只要能够在未来资本市场高估值的行业中进行布局，就有可能拿到更多的资本资源，从而获得更多的其他资源。反过来，如果企业选择的业务不是资本市场看好的方向，那么它很难利用资本市场来加速自身成长。

3. 解决融资通路问题和资本对接问题

在好的行业赛道上，最忌讳的其实是股东过早要求分红，让企业失去留存利润再投资以扩大生产的机会；但是不分红又会面临来自股东的压力。资本市场给股东提供了一条新的盈利通道，改变了过去股东分红的回报方式，这种方式的升级带来了新的融资逻辑和融资通道。这种方式利用行业深度成长机会解决企业融资通路的问题，找到了很多不只是期待分红的投资人，从更长期的角度解决资本问题，帮助企业实现正规化、资本化，对接资本市场。此时，场内的、场外的，直接的、间接的，一级的、二级的资本，都可以变成企业经营的资金来源。

4. 解决人才感召问题

企业有资本化机会的时候，其员工会拥有工资以外的一套全新的个人财富增值机制。

掘金资本市场现在已经成了高级人才积累自身财富的典型途径。一名高级人才找到能力方向后，以其能力方向结合优质的产业资源，可以实现产业与自身的共同成长。产业成长一旦被资本市场定价，一个人真正的劳动能力及其专业价值便得到了资本化的体现。个人可以通过资本市场实现个人的价值定价；企业则能够用一套更先进的模式留住现有人才，与其分享未来成果，把人才未来的现金流回报成本折算成资本化的收益和价值，最终通过资本市场的价值实现人才结构的成本转移。

甚至可能会出现这样一种情况：如果一家企业希望基业长青，那么登陆资本市场可能是这家企业长期最好的选择，因为它能够通过更加公开的资本化方式从市场上招揽人才，而人才也可以通过一个企业公开的资本化定价完成自我价值的实现，上市能够让企业成为人才事业的造富平台。

5. 解决资本运作的平台问题、手段问题和工具问题

当企业真正有了资本化的可能性时，它与同行就不只是竞争关系，还可以是合并关系、重组关系、联手上市的关系，这解决了很多资本运作的平台问题、手段问题和工具问题。企业一旦资本化，就变成了整合资源的平台。

6. 解决企业的公信力问题和社会地位问题

有资本化机会的公司，可能会有 A 轮、B 轮、C 轮、D 轮的

融资与上市，新三板、地方政府会开始重视，创业园区或高科技产业园区会主动接触，招商引资的优惠政策会出现倾斜，地方财政会给予补贴甚至提供办公场地，税务局会给予税收优惠和返还，银行会给予授信，地方政府甚至可能提供户口指标、帮扶政策。非上市企业可能就无法享受以上的优渥条件，所以上市本质上是解决了企业的公信力及社会地位的问题。

7. 解决股东个人资产证券化和盈利模式升级的问题

如果只是做生意，个人的盈利可能永远只能靠分红，一旦出现重大事故，利润出现波动，企业盈利的稳定性就很差。对股东来说，更加长期有效的机制，不是等待公司的利润分红，而是通过资本市场对其持有的资产进行定价，如果企业资产变成股权，股权变成股票，它就变成了可以流动的资产，而不是一堆设备。设备的流动性差，直接变现难，而股票可以随时变现。股票的本质是资产证券化，这决定了股东的盈利能力和财富效应有被放大的可能性。

总体来看，资本市场好处多多，但能真正利用好它的企业并不多。这背后的本质原因在于，大多数企业都没有完成对自身资本经营的底层逻辑的系统性思考，而对这种底层逻辑的系统思考会极大地影响企业长期的成长性战略选择。

案例

小米：其实是一家产业投资公司

2018年6月，小米科技有限责任公司（以下简称“小米”）启动上市招股，公开了第一份上市前财务数据：2017年收入规模达到1100亿元，同比增长67%，调整后净利润为54亿元。主承销商为J.P.摩根、高盛、中信里昂，询价区间是17~22港元[①]/股，全球7地同步路演。

在投资者询价之前，人们对小米的定价一直存有很大分歧。小米上市前最近一轮估值为540亿美元，IPO选投行时，曾传闻其市值不低于1000亿美元，后一度调整为800亿美元。在资本市场遇冷之后，最终投行给出的初步价格建议是600亿美元，但真的到了路演询价、准备招股的时候，其市值已经降至500亿美元。

下面这样一个细节就反映出小米当时IPO定价发行时的压力。

在IPO过程中，超额认购倍数，即每发行100股所对应的机构申购意愿股数是关键指标，如超额认购倍数为1，则每发行100股，机构申购意愿为100股；如果超额认购倍数为10，则每发行100股，机构申购意愿为1000股。超额认购倍数是IPO过程中最能直接反映供求关系的指标，投行正是以这一指标为核心，延伸出一系列判断指标，以确认IPO发行价能否被认购的投资机构接受。

小米当时的超额认购倍数是0.9倍。相比之下，与小米差不

① 按截稿时的汇率计算，1港元约合人民币0.837元。

多同时进行 IPO 的海底捞的超额认购倍数超过 20 倍。从这个细节我们就可以想象，小米当时 IPO 定价发行时的压力。

到了 IPO 的最后冲刺阶段，小米定下 500 亿美元的发行价格，基础投资方包括国开装备、天海投资、中国移动、中投中财、招商局资本、保利、高通 7 家，另外认购配售包括李嘉诚、马云、马化腾等企业家。发行首日即破发，之后连续几天翻红，最高时市值达 5000 亿港元，对应当时汇率约 630 亿美元。

从商业逻辑上看，我们到底该如何理解小米的商业价值呢？

要理解小米的商业价值，首先需要理解小米的模式，即小米是一家怎样的公司。小米成立于 2010 年，以即时通信软件“米聊”进入用户视野，再加上小米手机以及 MIUI 系统，共同打造了小米“硬件 + 软件 + 互联网服务”的体系，当时号称“铁人三项”模式。但后来米聊被微信“围剿”了。

2011 年，小米以 2.5 亿美元的估值获得晨兴资本刘芹 4100 万美元的融资，刘芹也凭借这一投资“一战封神”。创业 8 年到完成上市，小米累计获得 47 亿美元的融资，约合 300 亿元，投资方包括 DST、淡马锡等全球顶级投资机构（见表 5-1），小米上市前最后一轮融资时的估值为 540 亿美元，由此可以看出，其 IPO 发行价格其实是略微亏损的。小米的融资结构比较复杂，上市前运用了优先股、新老配股、发债、结构化资金等各种资本运作手段，是当时独角兽公司的典型代表。

表 5-1 小米公司上市前的融资数据表

序号	披露日期	交易金额	融资轮次	投资方
1	2018 年 7 月	未披露	战略融资	中国移动
2	2018 年 7 月	370.53 亿港元	IPO 上市	公开发行
3	2014 年 12 月	11 亿美元	E 轮	云锋基金 /DST Global/ 厚朴投资 /PSG/ 全明星投资 All-Stars Investment
4	2013 年 9 月	1 亿美元	D 轮	DST Global
5	2012 年 6 月	2.16 亿美元	C 轮	淡马锡 /DST Global
6	2011 年 12 月	9000 万美元	B 轮	顺为资本 / 淡马锡 /IDG 资本 / 启明创投 / 高通 / 五源资本
7	2011 年 7 月	4100 万美元	A 轮	IDG 资本 / 五源资本 / 启明创投 / 顺为资本

数据来源：企查查、Choice。

2013 年，小米开始以顺为资本为主体布局小米生态。到 2018 年，顺为资本的资产管理规模超过 250 亿元，围绕整个小米生态链投资了大约 200 家企业。小米生态链是以粉丝用户为核心的“软件 + 硬件 + 互联网服务”一体化体系，围绕小米的用户基础，在 3 年时间内从智能手机扩展为 100 多个库存保有单位（Stock Keeping Unit，SKU），而且其中不乏“爆款”产品，顺利地奠定了小米在消费级物联网（Internet of Things，IoT）中的绝对领导地位。

雷军说小米是一家纯正的互联网公司，但从财务报表的收入结构看，小米是一家消费电子硬件销售收入占比超过80%的公司。而互联网最具代表性的四大变现业务——社交、游戏、广告、互联网金融，没有一种是小米的优势业务。因此，很多人误以为小米是一家低毛利、便宜货、靠融资输血、没有价值的公司。

小米只是一家科技消费品公司吗？我们从下面这个案例就能看出种种细节。华米是小米早期投资的一家公司，是最早的小米生态链企业之一，其主营业务是小米智能手表及智能秤。通过战略投资华米，小米持股 14.8%，并拿到 1 个董事会席位。一般的投资机构，一旦投资结束，关于被投企业的大部分工作便宣告结束，转头寻找下一个投资标的，继续投资更多的项目，尤其是人民币基金，投后价值几乎被大多数投资机构忽略。

但小米在投资之后做了许多额外的工作。

第一，小米战投部有专门的团队对被投企业所在行业的整体需求、供给数据进行集中分析。团队每天收集各种数据，通过数据分析现在网上的“畅销”品类，即品类需求量大而供给不足的“爆款”。

第二，小米生态链内有专业的产品设计团队为被投企业提供服务支持。

第三，小米利用内部丰富的流量资源支持被投企业。

第四，小米利用内部的供应链集中采购能力帮助被投企业。

这个体系号称小米的“重度 ODM 体系”。可以发现，小米对被投企业不只是提供资金，而是全方位赋能。行业需求在哪？小米可以通过数据分析告诉被投企业。产品要做成什么样？小米有最好的设计团队帮忙打磨产品。产品怎么销售？小米有充足的流量渠道提供支持，产品可以直接触达用户端。被投企业需要什么样的供应链？小米可以分享自己的采集供应链，去除中间商，用最低成本打通供应链。

大致估算，小米的供应链体系能降低 5% 的成本，销售渠道能降低 15% 的成本。这样，小米生态链企业的成本直接打了 8 折。然后，小米生态链企业把省下来的 20% 的成本用于用户，用于打造“爆款”，换取更多的流量，抢夺非小米生态链企业的市场份额，小米再以成本价购买产品，收益五五分成。

本质上，小米使用了一套基于自身互联网打法的方法论，并且不断地在电子产品的各个品类上复制与实践。其中，标准的服务由平台提供，非标准的服务由被投企业提供。

通过顺为资本布局小米生态链，小米到底做了哪些事情？

第一，小米通过 IoT 战略，把手机的低频业务变成了一个 IoT 高频生态，不断完善自己的用户画像，借助小米生态链企业的产品覆盖小米手机未覆盖的人群。

第二，资本链接了一系列产业资源。一般小米投资会占 10% ~ 40% 的股份，可以非常有效地团结整个生态链上的企业，并且影响其重大运营决策。甚至被投企业做什么、怎么做以及结果怎么样，小米都会参与决策，但小米自己不“下水游泳”。

第三，小米以天津金米为核心持股平台，把小米生态链企业中所有员工的利益高度凝聚在一起，对整个小米生态链企业进行重度孵化。

第四，变现能力提升。小米用“产业＋投资”的模式获取了3部分收益：一是流量共享下的分销，小米生态链企业间接给小米产品带货；二是新零售的渠道分成，小米获得了生态链企业产品增量定价后的一半利润；三是股权投资收益。

2018年，小米长期投资的公允价值变动收益达66亿元（见图5-1），占总营业利润的一半。2017年，小米的长期投资总额是188亿元。小米把接近200亿元的资产投资于整个小米生态链企业，而这些企业未来大都具备独立资本化的机会。截至2019年，

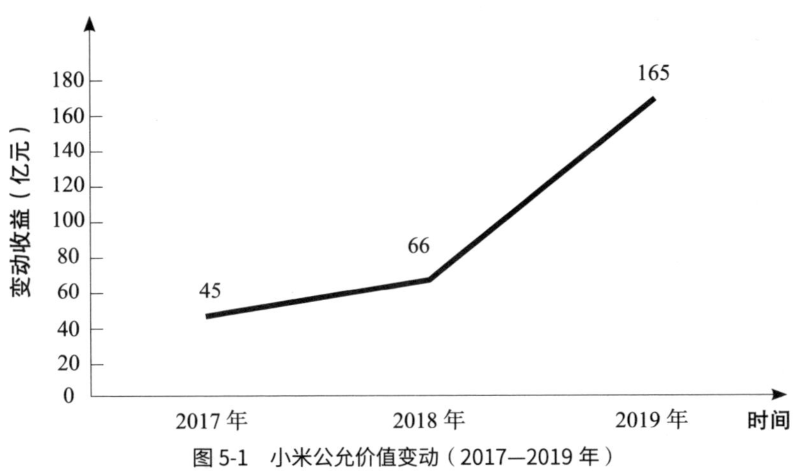

图5-1　小米公允价值变动（2017—2019年）

数据来源：Choice。

小米已投资近 10 家上市企业。至此，小米的核心管理模式变成了一套可持续对外输出的赋能模式，即“行业基础设施 + 资本生态资源”共同赋能生态链企业，实现轻资产、低成本、高效率的运营。这其中的关键是小米在收入规模超快速增长的背景下，从管理上解决了“大公司病”，形成了以小米为主干的超级战斗群企业生态链集合。这套管理模式的创新才是小米最关键的价值。

换一个角度来理解，小米可能会被看作一家产业投资控股公司。

小米不是靠销售手机挣钱，而是靠投资挣钱。如果把小米理解成一家与手机相关的科技消费品的产业投资控股公司，其发展逻辑如下。

第一，其资产管理规模超过 5000 亿元（小米的总资产）。对比中国民营企业资产管理规模最大的高瓴资本（约 500 亿美元的管理规模），小米的资产管理规模更大，而高瓴资本也越来越深入地参与产业运营的工作（宠物、药店、新零售、家电等领域）。

第二，小米 5000 亿元的资产总规模，每年扣除投资收益的经营性净利润 70 亿元左右，总资产收益率约为 1.4%，高瓴资本的年管理费为 2%，与小米相当。

第三，小米有 400 亿元现金，其中长期股权投资为 200 亿元。假设科技消费品行业未来 5 年的平均增速为 15%，5 年后行业规模约增长 1 倍，再假设其市值收益和行业增速持平，未来仅投资收益就可达200亿元。若公司保持每年70亿元的经营性净利润，且未来5年持续增长，那么未来5年每年的投资收益可以释放50亿元（但非经常性损益一般是非线性的）。从理论上讲，小米未来的净利润突破200亿元是极有可能的，而且这还不包括剩余400亿元现金可能带来的未来投资收益。

综上所述，如果把小米理解为一家科技消费品的产业投资控股公司，它建立了一套业务体系，这个体系具备用户流量、品牌、供应链、设计能力、渠道能力、战略能力、数据能力等，以手机平台为核心，以小米商城、米+、小米之家为载体，以小米生态链为体系，为小米的现金投资收益建立了一条强大的“护城河”，确保了小米的资产增值与投资收益的扩大。

国外成熟资本市场的成长启示

我们分析了资本化和成长性的各种关系，但国内资本市场目前仍然处于不断成熟和完善的过程中，而研究国外较成熟的资本市场，能让我们对当前的研究有更深刻的理解。

因为长期处在注册制环境下，国外资本市场无论上市制度、投资人的成熟度、投资人的结构，还是上市企业本身，都对成长性和资本化有着比较深刻的理解。对国外成熟资本市场的深入研究，有助于我们深入理解国内资本市场的企业资本成长逻辑，能够为我们提供有益的借鉴。

案例

特斯拉：2000 亿美元市值背后的资本逻辑

2020 年年中，特斯拉的市值达到 2000 亿美元，成为资本市场的标志性事件。人们大多看到了特斯拉在新能源汽车领域的布局，却少有人看到整个华尔街对马斯克的支持。美国成熟的资本市场体系支撑了华尔街，支撑了特斯拉从一个默默无闻的创新型创业公司成长为 2020 年年中达到 2000 亿美元市值的全球第一大汽车公司，这个过程不到 20 年。

马斯克是如何一步步利用资本市场，将默默无闻的特斯拉推上全球最大汽车公司的宝座的？

其实，特斯拉并非由马斯克创立，马斯克最早只是特斯拉的投资人。但是通过一步步的资本运作，马斯克完全掌管了特斯拉。在这个过程中，并没有太多人关注特斯拉最初的股权架构，但事实是，在层层资本运作下，特斯拉与马斯克几乎画上了等号。

2003 年，特斯拉刚刚创立。在那之前，马斯克已经是硅谷的风云人物了。2004 年，马斯克作为特斯拉的第一轮投资人，以 630 万美元的投资额领投了特斯拉（中国一级市场每年融一轮的资本运作节奏开始于 2013 年之后，比美国晚了近 10 年），并接任了董事长一职。在出任董事长后，马斯克在 2005 年和 2006 年分别推动了新一轮融资，依旧是他领投，但在这期间他还拉来了谷歌（Google）创始人谢尔盖·布林（Sergey Brin）以及 eBay 前总裁杰夫·斯科尔（Jeff Skoll）一起跟投。两轮融资加起来获得了超过 4300 万美元的投资。在 2005 年前后，对于一个没有上市、没有盈利的公司而言，这绝对是天文数字。

马斯克在不断增持特斯拉股票的同时，开始对创始团队进行调整。从马斯克进入公司到联合创始人全部出走，这个过程只用了 3 年时间。马斯克不是特斯拉的创始人，也不是 CEO，但马斯克在出任董事长之后不久，2004—2007 年间，随着几个关键创始人相继离开，大家逐渐淡忘了特斯拉的创始人，在资本市场中，这是“马斯克的特斯拉”。

成功获得特斯拉的管理权之后，马斯克继续争取资本市场对他的支持。2008 年，金融危机爆发，特斯拉也受到较大影响。马斯克盯上了通用汽车与丰田公司的合资工厂，并最终说服丰田公司向特斯拉投资 5000 万美元，然后他用其中的 4200 万美元以超低价（相较于这个工厂的净资产）买下了丰田公司与通用汽车的合资工厂。这一次投资为后来特斯拉的产能释放奠定了坚实的战略基础。这相当于马斯克说服丰田公司用“现金 + 打折的厂房资产”认购了特斯拉的高估值的股份。可以说，这一次收购，马斯克不但没花钱，竟然还利用资本手段赚钱了。

作为企业领导者，有时需要把看起来不可能的事情变得可能。

2009 年，马斯克从美国能源部拿到了 4 亿美元的低息贷款。这对于创立 5 年的特斯拉而言，又是一笔巨款。

2010 年，特斯拉启动 IPO。特斯拉的上市过程比较顺利，上市后股价几次刷新最高值，全球新能源汽车“第一股”应运而生。

马斯克在特斯拉上市之后，一直在通过非公开发行市场认购特斯拉的股份，不断增持特斯拉股份，每一轮都在加码。

2013 年，特斯拉的市值首次突破 100 亿美元，而这个时候，作为第一大股东的马斯克，个人累计向特斯拉投资近 1 亿美元。依靠这 1 亿美元，再加上自己的管理才能，马斯克成为一家市值超过百亿美元的上市公司的大股东。

更有意思的是，2014—2017 年，特斯拉多次增发各种股票与债券，通过各种形式的融资租赁，累积融资超过 120 亿美元，其中 50 多亿美元是股权，70 多亿美元是债权。特斯拉发行的大多数债券，都是可以转换成股权的可转换债券。对投资者来说，看到股价持续上涨，他们更愿意把这些债权转换成股权（一般来说，这种可转换债券的价格高于一般的融资价格），而后来投资特斯拉的大部分投资机构都将债权转换成了股权。这使得特斯拉虽属于汽车制造这一极其重资产的行业，在长周期中的融资成本却低得惊人。

马斯克一直在给资本市场讲述一个故事：特斯拉不是一家汽车公司，而是一家“汽车 + 能源 + 互联网”公司。其实，他的潜台词就是：这是一个“万亿 + 万亿 + 万亿”的事情。

2016 年，一个带有鲜明马斯克标签的资本动作发生了。特斯拉以 26 亿美元的价格全资收购 SolarCity，收购条款包括 SolarCity 所发行的普通股以 0.11 的交换利率均转为特斯拉普通股股票，同时保留收购前的归属和其他条款及条件。其中更重要的是，马斯克本人作为 SolarCity 连续多轮融资的投资人，是大股东之一，这相当于马斯克利用 SolarCity 的股份变相增持了特斯拉的股权。

2018 年，因为产能迟迟无法达标，特斯拉的股价一路走低。马斯克在公开场合回应称，这是有人想要恶意做空特斯拉。随后，马斯克启动了自己的私有化计划，他计划以 420 美元 / 股的价格收购当时价值为 340 美元 / 股的特斯拉的大部分股权。虽然这个方案最终没有被交易所通过，但通过这一细节，我们能看出，马斯克非常珍惜每一次有可能拿回特斯拉股份的机会，尤其是在低成本的时候。

私有化受阻之后，马斯克启动了一个更加大胆的计划。2018 年年初，特斯拉发出公告，称马斯克愿意放弃未来 10 年的所有工资换一份极其激进的对赌协议。这份对赌协议分为 12 期，每一期都对应着特斯拉的市值，只要特斯拉的市值创下新高，特斯拉就会专门为马斯克解锁一部分期权，期权总额接近总股本的 10%。这份对赌协议的最后一条是：如果 10 年之后特斯拉的市值达到 6500 亿美元，马斯克将获得 550 亿美元的期权。这相当于在马斯克已有的 20% 控股权的基础上，将他对特斯拉的最终控股权提高到接近 30%。

很难想象，如果这样的事情发生在 A 股市场，某上市公司管理层推出这样一个方案，最终会得到什么结果。但华尔街最终给马斯克投了赞成票。2019 年，特斯拉在中国上海的工厂终于全面启动建设，这被华尔街看作特斯拉终于依靠各种关系把自己的生产供应链打进了全球最大的新能源汽车销售市场的标志。因为“中国概念”的汽车 + 新能源 + 互联网，这个万亿级的故事最终被华尔街标码为 2000 亿美元。特斯拉摇身一变，从市值暴跌、私有化的边缘腾空而起，成为全球第一高市值的汽车公司。

这是又一家未来能接近苹果公司的市值级别的公司。很多人都在研究特斯拉的商业模式如何厉害，但马斯克真正的厉害之处远不止如此。

在本案例中，我们系统分析了马斯克是如何通过极其强大的资本运作技巧实现他对特斯拉控股的逆袭的，从这个案例中我们至少能得出以下 3 点结论。

第一，大体量的公司成长和产业竞争，一定离不开成系统、成体系的资本市场的持续支持。不管是在特斯拉的案例还是亚马逊的案例中，我们都看到华尔街在新兴产业市场中对创新经济的长期持续支持。这种支持促成了一个结果，那就是华尔街能够通过各种各样的金融工具将整个市场上的存量资金批量地搬运到那些最新、最时髦、最前沿的科技产业中，而这些科技产业又源源不断地带来整个产业的未来回报，作为对这些存量资金的持续回报。

这种大体量的公司成长和产业竞争，背后不仅是企业家经营能力的竞争，更多的是资本市场的竞争，甚至是资本市场体制和资本市场效率的竞争。总而言之，产业之争，资本市场必争。

第二，对于大体量的创业机会来说，创业者和投资人的界线在变，甚至有时候他们是一体的。以马斯克为例，对于特斯拉，他既是投资人，也是创业者；他既从管理上不断提升特斯拉的经营能力，又在资本上不断支持特斯拉。

可以说，马斯克是未来新一代创业者的标杆。这些人具备很强的投资能力和企业经营能力，他们就像产业雷达一样，寻找着各种各样的新兴产业机会。一旦捕捉到那些“从 0 到 1”完成孵化的创业公司，他们会蜂拥而至，导入能力、资源与资本，让这个公司快速实现“从 1 到 100”。

从这一角度看，特斯拉是这样的，小米是这样的，理想汽车也是这样的。我们认为，在未来，投资人会越来越多地参与创业的经营和产业竞争，不但提供资金，还提供资源，甚至提供经营资源。而这种创业者对投资的理解会更加深刻，甚至可能在创业初期就完成基于企业未来数年整个产融互动体系的架构和设计。

第三，在特斯拉一路成长的过程中，华尔街对马斯克的认同变成了华尔街对特斯拉的认同。同理，我认为，创业者在资本市场上的品牌背书，未来越来越有可能成为创业企业的核心竞争力。从各种案例中不难看出，投资在很大程度上是投资人，一个人在资本市场上能不能获得资本认可的溢价尤为重要。创业者是否代表着资本市场认可的那一类创新型的经营资源，决定了企业冷启动时的资源整合能力。有些公司是含着金汤匙出生的，金汤匙就是它的“创始人”。未来，资本市场对创业者个人驾驭资本的能力的要求会越来越高。获取自己在资本市场中的长期认可与资本市场上的长久资本品牌口碑，是某些创始人职业生涯中非常重要的筹码，是他们未来扩大自己创业体量的重要手段。

FAAMG 与纳斯达克成长催生的美国科技产业

美国资本市场的成熟，不仅体现在它能为特斯拉这样的公司提供源源不断的支持，而且体现在它围绕所有新科技产业形成了一套机制，从而孵化出一批围绕着最新科技产业的领头羊型公司，尤其是以美国科技界的五大巨头组合 FAAMG 为代表的公司。

FAAMG 指的是 Facebook、亚马逊（Amazon）、苹果公司（Apple）、微软（Microsoft）和谷歌母公司（Alphabet）5 家美国新科技领域绝对领先企业的股票组合，其市值合计超过 5 万亿美元（平均每家 1 万亿美元），占美股市场整体市值近 15%。其中，微软的市值约为 1.4 万亿美元，苹果公司的市值约为 1.4 万亿美元，亚马逊的市值约为 1 万亿美元，Alphabet 的市值约为 1 万亿美元，Facebook 的市值约为 0.6 万亿美元。这 5 家公司股票的涨幅基本决定了纳斯达克指数的走势。近年来纳斯达克不断创新高，其背后是这 5 家公司市值的持续走高。

美国资本市场有这样一个现象：纳斯达克作为一个交易所同时捕获了全球新科技领域的 5 家巨头。它为何能够如此成功？它的发展逻辑能给我们带来什么启示？纳斯达克的成长史，值得每一个从事资本市场研究的人关注。

纳斯达克成立于1971年，设立之初基本上是协会性质，其成立目的是规范混乱的场外市场，解决中小企业融资难的问题。因为当时纳斯达克的影响力还很小，所以上市门槛很低，一度成为“劣质公司”的聚集地，其中小公司、业绩不好的公司很多，投资门槛很高，几乎没有流动性，甚至在最开始都不具备交易功能，仅每天更新一次上市公司的牌价。直到1975年，纳斯达克才正式统一上市标准。

到了20世纪80年代初期，纳斯达克第一次进行了分层管理。直到20世纪90年代中期，也就是又过了10年，纳斯达克才做了第二次分层管理，明确了3层市场的不同上市要求。中国的新三板几乎在不到3年的时间里就做了第一次分层，过了3年又做了第二次分层。纳斯达克走了20多年的路，中国的新三板不到6年的时间就完成了，在此过程中，新三板的制度定立经过了多次修改和完善。纳斯达克市场分为3层：第一层是全球精选市场（global select market）；第二层是全球市场（global market）；第三层是资本市场（capital market）。

20世纪90年代中期，纳斯达克每年的发行量为300~500家公司，这个发行量比当前中国A股市场每年的发行量还大，而新股上市数量是衡量交易所生命力最重要的指标之一。2000年后，美国进入互联网和个人PC时代，纳斯达克开始走向巅峰。在当时，市值最高的3类公司分别是计算机和数据服务、通信设备、电子设备，全部都与互联网和 PC 时代相关。因为纳斯达克当时上市的灵活性强，一批做底层系统、软件服务、硬件科技的代表性公司，如微软、甲骨文（Oracle）、思科、雅虎、eBay 等，都是在纳斯达克上市的。当然，这也与当时这些公司的盈利规模不够、无法在纽约证券交易所（以下简称“纽交所”）上市有关。

这一轮信息科技产业的崛起，造就了纳斯达克 7 家明星级的公司：微软、英特尔、苹果、谷歌、Facebook、亚马逊、ARM。

2015 年年底，纳斯达克的 3 个分层市场已经出现了明显的分化。它们的数量分布比例大约为 58%、21%、21%，但其市值分布比例则差异巨大：第一层为 7.3 万亿美元，约占全市场 79% 的市值；第二层为 1.9 万亿美元，约占全市场 20% 的市值；第三层仅 0.06 万亿美元，约占全市场 0.6% 的市值。58% 的公司占据了约 79% 的市值，最后 21% 的公司加起来只占约 0.6% 的市值，分化严重程度可想而知。

2019 年年底，按照具体公司的市值来看，排名最高的苹果公司的市值为 1.28 万亿美元，而纳斯达克的总市值为 14.4 万亿美元，苹果公司约占整体市值的 8.89%；前 5 名的公司约占整体市值的 31.24%，前 10 名约占整体市值的 39.95%，前 40 名约占整体市值的 59.75%，前 100 名约占整体市值的 73.18%，前 1600 名约占整体市值的 99.33%。

头部公司占据了整个交易市场大部分的流动性资源，市值 1000 亿元以上的公司，即市值约 150 亿美元的公司约占整体市值的 3.5%，70% 的公司没有交易。对于真正成熟的资本市场来说，其流动性并不充足，且高度集中在头部，是市场在选择一家公司是否被认可。

从挂牌和退市数量来看，1985—2008 年，纳斯达克共有 11800 家公司 IPO，但是同期退市公司达到 12900 家。

同时，从 2008 年到 2018 年 8 月，仅纳斯达克一个市场，上市公司回购并且注销的股票价值就接近 6000 亿美元，几乎所有有超额利润的公司都进行了股票回购。回购行为的本质是头部公司的盈利能力太强，现金流回收能力太强。过去 10 年，纳斯达克一直处于牛市状态，增持在股价上涨中发挥了极其重要的作用。最近两三年，纳斯达克的涨幅基本都是二八分化，即 20% 的股票在涨，80% 的股票基本没有大表现，而股票上涨的 20% 的公司大部分都进行了回购。

虽然纳斯达克各种数据看似很好，但其过往的波动也很大。2000 年互联网泡沫破裂，纳斯达克的整体指数跌幅超过 85%，当时亚马逊跌了近 97% 的市值。但此后亚马逊一路领涨，成为纳斯达克涨幅最大的公司（从 4 亿美元市值到 1.6 万亿美元市值）。

从整体来看，纳斯达克虽然有很多高估值的公司，但剔除市盈率的异常值后，纳斯达克的平均估值水平并不是特别高。

从监管来看，1996 年之后，纳斯达克专门成立了一家监管公司，承担美国全国证券交易商协会的主要职能，扮演主要监督人角色，监督整个市场的规范交易。到现在为止，纳斯达克有以下 4 类做市交易商。

第一类，to C 交易商（零售类、直接对个人）。

第二类，机构商，对应机构、基金、机构席位。

第三类，区域型交易商，在一个州的范围内为区域型客户提供投顾服务。

第四类，批发商，为机构客户和没有登记的做市商进行集合竞价。

到现在，整个纳斯达克登记在册的做市商超过 500 家。平均每家上市公司有 11 家做市商，微软是拥有最多做市商的公司，在最高峰的时候有超过 100 家做市商为其提供服务，以保证高流动性。

至今，整个美国已经形成了属于自己的稳固的独立多层次资本市场。最大、最传统的是已经有几百年历史的纽交所，纽交所之下，依次有纳斯达克精选市场、纳斯达克全球市场、纳斯达克资本市场以及场外柜台交易市场（Over the Counter Bulletin Board，OTCBB）等。这些市场构成了美国整个证券市场流动性的基础。

种种看起来不经意的制度设计以及过去几十年纳斯达克的发展，构建了纳斯达克当前的制度性优势。

值得注意的是，全球市值最高的 10 家公司（见表 5-2）中有 7 家公司在美国上市，包括中国的阿里巴巴，7 家中有 5 家公司在纳斯达克上市。这充分说明了一点：纳斯达克资本市场极高的灵活性及包容度，成就了整个美国科技产业的成长，给投资者带来了丰厚的回报，也为创业者提供了一个良好的资本支持环境。

表 5-2　2020 年全球市值前 10 名的上市公司（截至 2020 年 6 月 30 日）

排名	公司	总部所在地	领域	市值（亿美元）
1	沙特阿美（Saudi Aramco）	沙特阿拉伯	石油和天然气	18 800
2	苹果（Apple Inc.）	美国	科技	13 970
3	微软（Microsoft Corp.）	美国	科技	12 740
4	谷歌母公司（Alphabet Inc.）	美国	科技	10 200
5	亚马逊（Amazon.com Inc.）	美国	消费服务	8 170
6	Facebook（Facebook Inc.）	美国	科技	6 335
7	阿里巴巴（Alibaba Grp）	中国	消费服务	6 101
8	伯克希尔（Berkshire Hathaway Inc.）	美国	金融	5 624
9	腾讯（Tencent Inc.）	中国	科技	4 929
10	维萨（Visa Inc.）	美国	金融	4 416

数据来源：南方财富网。

成熟资本市场带来的 6 点启示

从纳斯达克的成长史中，我们至少可以读出以下 6 点启示。

1. 成长是一切证券化的基础

所有金融市场的繁荣，本质上都来自实体产业的崛起。假设 20 世纪 90 年代没有美国个人 PC 产业和互联网产业的爆发，就没有纳斯达克的崛起。正因为产业爆发，这些公司又正好都在纳斯达克挂了牌，公司的盈利正好反映在公司的报表上，报表反映了盈利能力的提升，盈利能力的提升带来了交易的高流动性，高流动性又支撑了产业的新一轮融资。任何一个交易所的繁荣背后都有实体业务增长作支撑。纳斯达克的崛起，在于它和美国的个人 PC 时代完成了一轮宏观的产融互动，一个产业带起了一个交易所，一个交易所又支撑了一个产业。

2. 资本市场资源一定是非均等分布的

资源是极度集中的，头部公司拿到超额资源，拥有更高的流动性，而非头部公司——腰部公司和尾部公司将失去资源优势。成熟的资本市场的一个核心作用，其实是拉大优势公司和非优势公司之间的资源配置差距，把整个社会最有效的资源配置在最值得投入的公司上，进一步通过马太效应拉开产业的差距，从而推动产业整合。从这个角度来说，因为注册制的存在，美国资本市场产生了极大的贫富差距，而且这种贫富差距在一定程度上为美国的产业结构整合提供了非常大的帮助。因此，资本市场本身就是拉大贫富差距的一个工具，它通过贫富差距和资源配置的优化，进一步完成了产业整合和加速了低效公司的淘汰，通过市场化完成产业资源效率的调节，使效率调节变得更加有效。

3. 分层管理是资本市场发展的必然结果

纳斯达克经历了 20 多年才完成了两次分层，而且分层之后最关键的是形成门槛。门槛不一定是利润，不一定是市值规模，却是分层管理的关键。门槛能够将被资本市场认同的同类公司放入同一个“池子”，并为其提供更高的流动性。

对不同层次的公司进行分层管理，基于不同的风险控制和风险适当性进行管理，这是全球资本市场的共性规律。以纳斯达克为例，它形成了自有的 3~4 级分层体系，每一层都对应不同阶段和不同风险的公司，在不同的风险机制下，积极推动不同公司和不同风险适应性的投资者进行等量的匹配，促进整个资本市场的配置效率进一步提升。

这对中国资本市场建设有极大的借鉴意义。我们认为，不同的资本市场形成不同的功能定位，是一个资本市场成熟的标志。资本市场通过分层的多层次化以及成熟度提高，能完成整个资金链条从上到下的反向配置，使得越大的、投入越多的公司可以拿到越多的资金，而真正属于细胞、毛细血管级别的中小微企业，也能够在分层市场中获取源源不断的资金支持。这对中小微企业融资成本结构的优化以及宏观调控的资源配置起到了非常好的作用。

4. 金融创新是重中之重

如果只设立交易所，只是不停地设立板块，而金融本身没有创新，仍然不能支撑实体产业的发展。纳斯达克的崛起带来了垃圾债券。所谓垃圾债券，就是低抵押、高收益的成长性企业债券，或者叫中小企业次级债券。在一个交易所市场中，关键不是交易所怎么设立，而应看其衍生金融产品，包括可转换债券、可交换债券、高收益债券、股权质押等是否建立了一套风险评估机制，能否对证券资产进行二次定价。

5. 成长性比流动性更重要

成长性是流动性的底层支持和风险对冲。有成长性，才能用未来的钱完成证券化；没有未来的钱，或者没有未来成长性的预期，单纯追求流动性，都是没有未来的。

6. 板块其实没有那么重要

交易规则对短期资本的引入非常重要，但是拉长周期来看，更重要的是企业的成长性、市场的配套设施及相应的人才、相应的制度、完善的流动性资金支持等。

此外，时间的积累以及对企业业态多样性的包容，也是纳斯达克成功非常重要的因素。纳斯达克市场自 1971 年成立至今，经过 50 年的发展，成为全球顶级的交易所之一，是有自身的成长基因的。它经历了很多年的积累，也走了很多弯路，在不断修正和迭代之后才完成了市场化资源配置效率的提高。

纳斯达克一直以灵活性著称，它为创新型公司、短期内盈利表现不佳的公司，甚至是短期内看不到成长路径、连现金流都没有的研发型科技公司，提供了大量的孵化温床。纳斯达克对新经济的支持力度非常大，这也是纳斯达克能在整个互联网科技产业真正成熟之后，拿下全球市值排名前 10 的一半公司的根本原因所在。对新兴公司，尤其是创新业态公司的包容，纳斯达克更多的是围绕本身的法律架构对其实行合规性和适当性管理，而不是对其发展方向进行深入干预。它带来的是让市场最终决定市场的结果。

第二篇

资本成长的机理与规律

我们了解了企业成长性和资本化的密切联系，那么资本市场到底如何基于成长性为企业定价？其背后的机理和估值定价模型是什么？这一篇，我将通过资本市场的运作逻辑与案例阐释成长性如何反映在企业估值中，以及企业市值与成长性的线性转化关系，并尝试基于此归纳总结出一套模型，以阐述资本化对企业长期战略与成长规律的影响。

第 6 章　资本经营的 3 个模型及其影响

模型一　市值成长模型（市值成长曲线）

市值成长模型是指企业在长期成长过程中，市值会始终围绕企业的内在价值上下波动（见图 6-1）。市值有时会被高估，有时会被低估。对企业家而言，最重要的事不是让市值持续上涨，而是在市值波动的过程中，通过企业资本经营体系提升企业的增量竞争力。

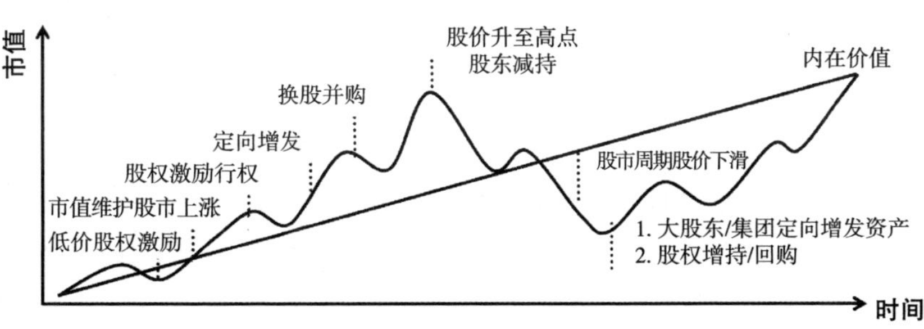

图 6-1　市值成长模型

市值成长模型的基本脉络是企业在长周期中围绕资本波动进行相应的资本能力建设，进而发育出一套能够围绕并匹配企业经营管理的资本运作体系，建立一套基于资本的顶层设计，在不同的阶段匹配不同的资本经营动作。

对于高阶的企业经营者来说，这是非常重要的顶层思维模型。

资本经营的核心思想是产融互动，其核心逻辑在于产业和资本两者相生互动、互成循环。要想把产业做大，必须要利用好资本市场；要想把资本规模做大，必须要实现产业反哺。产业提供产品市场和利润，资本市场提供资金与市值。对企业成长来说，市值是企业生存和成长的底层机制之一，在某些时候，它甚至比产品经营本身更重要。

但资本经营的逻辑与产品经营的逻辑不同，核心差异有以下两点。

第一，利润最大化不等于市值规模最大化。很多企业一直在追求利润，但利润最大化并不等于价值最大化，价值最大化才等于市值规模最大化，因为它体现的是股东财富、核心竞争力和整体资源获取能力的最大化。企业经营的终极追求应该是市值规模最大化，而非短期利润最大化。

第二，在市值波动中增强产业竞争力。资本经营的前提是企业围绕资本经营布局过程中的波动完成资本布局，而资本布局则围绕企业产业竞争力的增强来完成，因此资本经营非常强调主动管理能力。

模型二　资本现金流循环模型

任何一家企业都有两个现金流循环：一个是基于产品经营的现金流循环，即基于供研产销体系把产品卖出去以回收经营现金；另一个是围绕资本成长的现金流循环，即资本现金流循环，又分为“股权融资现金流”和“债权融资现金流”（见图 6-2）。

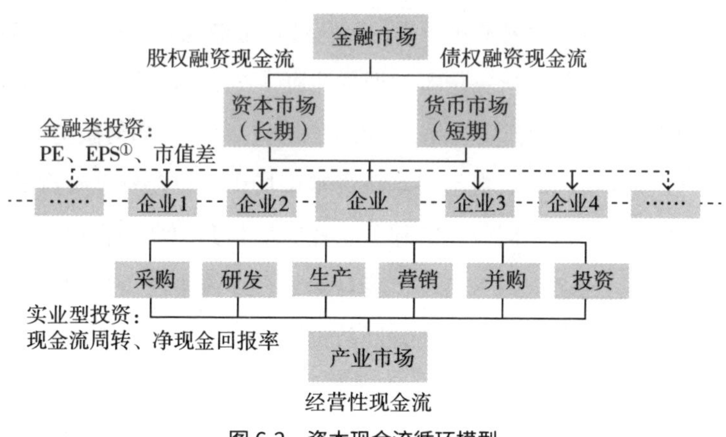

图 6-2　资本现金流循环模型

注：① EPS 是指每股盈余。

任何一家企业的现金流，都是由这两个现金流循环构成的。我们在长期的企业经营实践中发现，很多企业在经营性现金流循环方面可以做到手到擒来，深谙其中规则，但是对于资本现金流循环的体系如何搭建，这些企业并没有进行系统性的思考。所以在这样一个模型下，所有企业都应该思考如何建立持续的资本现金流循环，以此强化对企业经营的系统性思考。

仔细思考过去十几年前的国内市场，传统企业的创业逻辑一般都是先做产品，以产品销售产生经营性现金流；做大后产生债权融资现金流循环（主要体现为银行抵押贷款），开始借债扩大规模；当规模进一步扩大后，股权价值逐步体现，开始出现股权融资现金流循环。总体而言，以前的资本现金流循环路径为：产品生产销售→扩大再生产→借贷扩大规模→盈利进一步扩大→股权融资。对传统发展模式而言，经营性现金流循环（采购、研发、生产、营销等）直接决定了企业的生死。处在这个阶段的企业面临的核心问题是如何卖产品，如何做业务，甚至是如何做生意。

但资本市场的逻辑不同，在资本市场中，抢夺资金资源的竞争对手可能不再是同行业的那些企业，而是其他新兴行业出现的新技术、新业态。因为资本市场是基于行业未来发展空间进行资源配置的，当资本市场不再看好某个行业时，资金便不再流入。

有的企业会执着于“自己是细分行业龙头”，但现实是，在资本市场中，资源并不是按行业均等配置的。就像前面我们说的纳斯达克的案例一样，代表未来的行业会拿走市场上的大多数资金。而在未来规模不再增长的行业中，即使是经营得很好的企业也不一定能得到资本的青睐。资本在成长性和回报率中寻找平衡，具体体现为估值价格的高低变化，估值成为资金流入的风向标，成为资金供需关系的直接衡量指标。

这种基于未来成长性的资金流入，体现为金融市场基于企业长期成长价值的评估进行定价，资本不再聚焦于短期的收入与利润，而看重企业未来的价值创造。这种基于未来的价值创造会影响企业在金融市场的资金获取情况，继而体现为股权融资现金流循环和债权融资现金流循环的变化。

在这样的金融市场中，新的现金流循环开始出现。一个典型的现代企业发展的现金流循环逻辑是，当企业刚刚开始有想法时它就会开始寻找投资人，尽管此时的企业没有收入、没有利润，仍可能因为有长期成长价值而获得投资人的认可，从而获得投资。这时，股权融资现金流循环开始出现，但此时依旧没有经营性现金流循环。在不断完成股权融资之后，很可能经营性现金流循环还没有真正壮大，企业就可以发债、贷款或进行股权抵押借款，此时债权融资现金流循环出现。最后在众多资金投入之下，经营性现金流循环逐步出现。典型的案例是滴滴出行。

在这样的逻辑下，我们不难发现，现代企业成长机制下的企业现金流模型是：股权融资现金流→债权融资现金流→经营性现金流。

两种完全不同的现金流循环路径开始出现（见图 6-3）。从表面上看，它们只有资金流向的区别，但究其本质，其实是两种经营思想的区别。一种现金流循环路径是先基于企业把业务经营做好，再通过债务模式进一步扩大规模，最终完成资本化，实现股权价值的放大（见图 6-3a）。这种发展逻辑最大的问题在于：最开始能盈利的那个产业长期来看盈利能力并没有那么强，天花板很低。

金融市场
股权融资现金流
债权融资现金流
资本市场
（长期）
货币市场
（短期）
金融类投资：
PE、EPS、市值差
……
企业1
企业2
企业
企业3
企业4
……
采购
研发
生产
营销
并购
投资
产业市场
实业型投资：
现金流周转、净现金回报率
经营性现金流
a）资本经营型现金流循环
（自上而下）
金融市场
股权融资现金流
债权融资现金流
资本市场
（长期）
货币市场
（短期）
金融类投资：
PE、EPS、市值差
……
企业1
企业2
企业
企业3
企业4
……
采购
研发
生产
营销
并购
投资
产业市场
实业型投资：
现金流周转、净现金回报率
经营性现金流
b）产品经营型现金流循环
（自下而上）

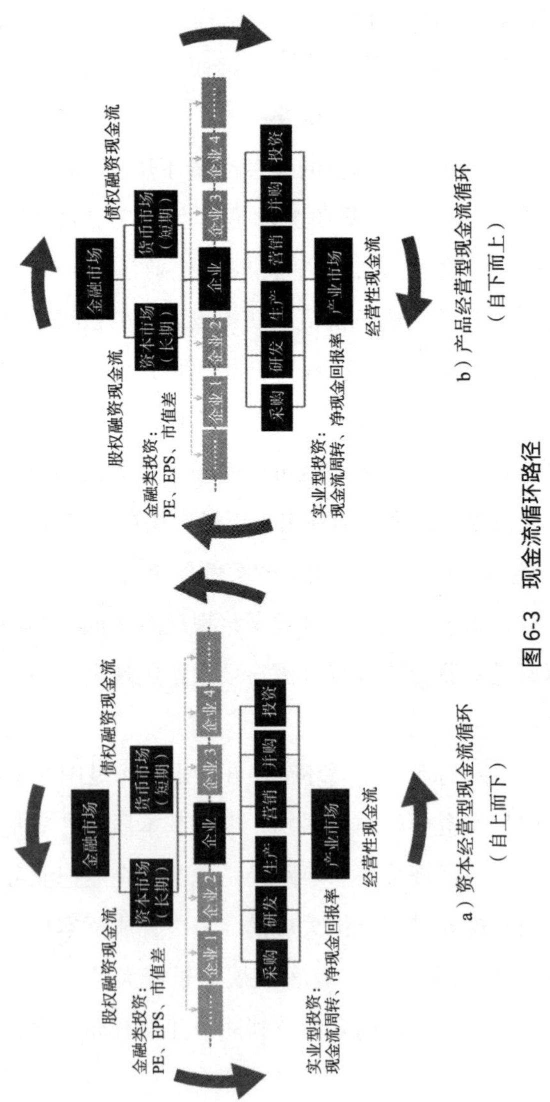

图 6-3 现金流循环路径

另一种现金流循环路径的逻辑是基于未来的机会推动融资，完成产业布局（见图 6-3b）。当融资体量到达一定水平、企业又直接具备了金融杠杆的财务负债能力，而且企业的业务经营可以不受短期现金流压力影响、可布局更长远的价值创造过程时，整个经营动作可以在更长的周期中逐渐打磨自身的产品经营能力。从这个角度来看，前文所述的特斯拉、小米、亚马逊等案例，无一不是如此。

传统产品经营和资本经营最重要的区别是正向现金流的来源以及如何用现金流支撑企业做大。

基于以上逻辑进一步深入思考，我们可以看出金融投资的盈利逻辑和产业投资的盈利逻辑也因为这两个现金流循环逻辑的不同而产生了差异。从本质上讲，产生这种差异是因为这两类企业经营行为算的不是同一笔账。举个例子，企业家衡量一个项目是否值得投资，比如一个项目投资 1 亿元，未来 3 年业务稳定后可能产生 5 亿元收入，对应 10% 的净利率，一年可以赚 5000 万元的净利润，3 年后的净利润可以回购当年的资本投入金额。实业投资衡量的是净现金投入后的资金回报率，是毛利率与净利率，是投入资金的周转率与回报率。

而金融投资的逻辑则不同，以股权投资为例，投资人往往更看重投资资产的市值，而市值 = 市盈率 × 净利润，几年后一旦该资产上市，投资人可以以更高的价格卖出持有的股权。在金融投资的逻辑里，赚的是市值的差价。

产融互动的本质是理解现金流循环的方式。对任何一家企业来说，现金储备和现金流都是关键。这两个现金流循环是企业成长性的两条腿。基于此，所有企业家都需要围绕两个现金流循环思考以下 3 个战略性的资本问题。

第一，经营性现金流循环是否健康、持续、稳健以及如何挖掘潜力？

第二，股权融资现金流循环是否正常展开、持续展开以及如何进一步放大？

第三，债券融资现金流循环是否正常展开、持续展开以及如何进一步放大？

所以，企业的资本经营不仅仅是如何做好一次融资的问题，而是如何做好经营性现金流、股权融资现金流、债权融资现金流循环三者的匹配，并使其互为因果，让三者相互放大的问题。换言之，任何企业都应该思考的问题是业务每年能创造多少经营性现金流、基于经营性现金流能够推动多大规模的融资、融资增加的资本金在保障负债率稳定的前提下能再通过投贷联动撬动多少贷款，以及这些融来的与借来的资金如何进一步推动经营性现金流循环。这是一个水多加面、面多加水的正向循环过程。

基于这个逻辑，我们尝试进一步阐述产融互动的深层逻辑。基于产融互动的两个现金流循环的不同脉络逻辑，资本经营中最核心的机会如下。

第一，能够从产业角度看金融投资。在产业中寻找那些盈利相对容易、周转率高、净资产回报率高、现金流好的业务，然后用金融工具推动这些业务证券化。

第二，能够站在金融角度看产业投资。企业通过证券化获得低成本的资金，用这些资金去投资与收购那些低成本资金、高周转率的现金流回收业务。

这是产融互动逻辑中基于企业的业务经营与资本经营所做的底层效率优化。

案例

全球产融标杆：3G 资本

关于市值成长模型，经典案例莫过于百威英博背后的大股东 3G 资本，这是一家主动管理型投资的全球标杆型公司。

百威英博是全球啤酒行业的龙头企业，它的成长史不仅是一部啤酒产业的重组整合史，更是一部关于融资并购与主动管理效率提升的产业发展史。

3G 资本是如何一步步从一个巴西的小啤酒厂，成为全球啤酒产业巨头的呢?

我们都知道，啤酒产业面对的是一个巨量、常青且持续成长的市场。据考证，自啤酒出现至今已经近 8000 年了，2018 年全球啤酒销售额为 6759 亿美元。

最初，3G 资本并不做啤酒生意，而是从事投行业务。3G 资本的 3 位创始人在巴西经营了一家投资银行，他们将银行卖掉之后创立了3G资本。他们在调研之后发现，阿根廷、委内瑞拉、智利等国家的首富皆有啤酒产业，他们认为啤酒业务一定是门好生意，所以借机收购了当时巴西最大的啤酒厂——布哈马啤酒。但因为没有做好尽职调查，背负了2.5亿美元的债务。为了填补资金缺口，3位合伙人中的一人全职进入啤酒厂负责经营，他花了一年的时间进行啤酒厂的成本结构管理优化，并围绕啤酒业务推动了企业管理战略的改革。

改革最核心的部分始终围绕一点，即将经营成本降到极致，在此过程中打磨出一套3G资本的“啤酒厂的零基预算管理方法”。

因为这套将成本控制到极致的经营管理方法，布哈马啤酒拥有比同行更低的费用率与更高的税前利润率。以此为基础，布哈马啤酒开始推动价格战，这直接导致行业第二的南极洲啤酒的毛利率持续下降，净利润出现亏损。在惨烈的价格竞争下，最终3G资本推动了布哈马与南极洲啤酒合并重组，成立了新啤酒公司安贝夫（Abnbev），占据当时啤酒市场70%的份额以及酒水市场40%的份额。

重组完成之后，3G资本的合伙人在这家新公司实践了当年在布哈马啤酒推行的经营策略，他们又花了3年时间大幅降低管理成本，开除多余的管理人员，合并销售渠道，关停不盈利的品牌，重新掌握在南美市场的定价权。

直到1997年前后，这家新公司基本完成初步整合，盈利能力开始显现，3G资本通过啤酒业务开始大量回收现金以降低杠杆收购造成的高负债率，同时开始搜索新一轮的并购整合对象。此时，他们把目光投向了南美洲以外的欧洲市场。

1998 年，3G 资本以一次比较轻松的谈判完成了对欧洲老牌啤酒企业——英特布鲁的并购重组，重组后的新公司叫作英博集团，百威英博中的英博就此诞生。同时，当年发生在南美洲的啤酒产业的重组整合过程，再一次发生在这家新成立的英博集团。3G 资本向新公司导入自己的管理方法，换掉了之前的 CEO，将公司的多余人员开除，用各种方式降低公司运营成本，几年之内，英博集团就进入全球啤酒产业前三。

2008 年，全球金融危机爆发，美国股票暴跌，这对于一直寻求下一个并购整合对象的英博集团来说是个千载难逢的机会。3G 资本借势举牌百威的股票，并实行要约收购，报价 450 亿美元市值（高于市价 30%），要求全面收购百威啤酒。随后，百威啤酒董事会以收购价格过低为由拒绝。英博集团随后以股东身份提请股东大会，要求罢免董事会。最终，在巴克莱银行与巴菲特等百威啤酒的股东的调和之下，英博集团以 520 亿美元（高于市价 55%）的价格，完成了对百威啤酒的收购，双方进行重组。从此，一个消费品行业中的超级“巨无霸”——百威英博诞生。百威英博的年销售额达到 360 亿美元，拥有近 300 个子品牌，是全球啤酒产业的龙头企业。

2012 年，百威英博集团又以 200 亿美元并购了墨西哥最大的啤酒公司莫德罗，2016 年以 1055 亿美元收购全球啤酒企业排名第二的南非巨头 SABMiller。

3G 资本对百威英博的资本经营历程给了我们以下 3 点启示。

第一，传统行业，不管国内还是国外，都有很大的效率提升空间与整合空间。在全球主动性管理投资行业中，3G 资本可以说是标杆型，它在一个古老的、传统的、海量的超级大市场中做出了 1 万亿元收入级别的生意，这足以说明伴随着整个资本市场的发展与经营体系的升级和经营要素的变化，过去很多看起来不能被整合的行业还有很大的挖潜空间。随着经营条件发生变化，很多以前不能被整合的行业也能被整合或者被进一步挖掘。比如餐饮行业，过去人们认为这是个永远做不大的行业，但最近几年海底捞等千亿元级别市值公司的横空出世刷新了人们的认知。

第二，资本现金流与经营性现金流的循环体系是 3G 资本产融互动经营体系中最核心的环节。回顾过去 25 年，3G 资本做的最关键的工作，就是牢牢盯住自己的资本现金流和经营性现金流循环。每并购一块资产，它们便在成功消化并且削减成本的过程中，牢牢盯住经营性现金流的回收，然后基于此进一步优化自己的财务结构。而在不断优化整个公司的财务结构之后，3G 资本推动资本现金流进一步升级，继续并购下一块值得提升效率的资产。在这个不断推动经营性现金流和资本现金流循环的过程中，3G 资本构建起了自己的整套产融互动经营体系，包括业务体系、人才体系、文化体系、资金体系和成本管控体系。

围绕资本现金流和经营性现金流这个基础经营体系，3G 资本构建起了一个庞大的金融体系。

第三，3G 资本的底层逻辑是开发出了围绕自身业务的“资产 + 现金流”改进模型。对 3G 资本来说，它真正的核心能力其实是围绕产业逻辑的核心品牌资产的二次定价能力。在其产业业务结构中，金融投资已经不再是简单地通过“净利润 × 市盈率”来赚取估值差价，而转变成了“有效管理经营体系 × 低估核心品牌资产”的现金流循环模型。在这个模型下，通过自己的核心能力建设，它可以不断地寻找被低估且能够进一步被挖掘的核心品牌资产，整合其管理经营能力，挖掘出源源不断的现金流，并且通过现金流再叠加杠杆收购能力，同时导入自己的成本管控体系，进一步抢占市场份额，完成现金流回收。这是 3G 资本在万亿元级别市值的赛道上持续成长、不断深耕的打法。

我们还可以从以下角度进一步推演。对于 3G 资本，啤酒厂逐步成为融资的来源及融资工具，而融来的资金又变成其收购下一个啤酒厂的资金来源，并且在这个循环中产生源源不断的融资来源，在这个过程中完成了资本现金流和经营性现金流循环二者的统一。这正是这个模型的精髓所在。

模型三　估值要素模型

要分析企业估值的影响要素，我们可以系统地从以下 4 个层面展开。

宏观：资本周期与交易市场选择对估值的影响

影响公司市值的要素虽多，但影响最大的要素，其实并不是微观层面的，而是宏观层面的。宏观层面的估值影响要素包括以下 3 个方面。

一是资本市场的宏观周期。80% 的市值取决于资本周期，资本周期分为产业周期、股市周期、盈利周期、情绪周期（主要指股市的风险偏好与乐观程度）等。

二是业务自身的成长阶段。每家企业在不同的成长阶段的估值逻辑是不同的。如果企业处于天使投资阶段，它的估值逻辑应该更多地取决于未来的愿景空间以及创始人本身的资本品牌溢价；到了 A 轮，估值则取决于产品能否拥有稳定的用户群体，能否解决用户的痛点问题；到了 B 轮，估值则取决于用户对应的需求的市场空间有多大，天花板是否足够高，能否形成有效的财务收入模型；而到了 C 轮、D 轮，估值则取决于财务报表所反映的情况，即是否可持续成长，是否具备继续做大的可能性。

不同的成长阶段对应的估值的底层逻辑与方法不同，所以，在不同的业务周期，从最开始创业到天使轮、A 轮、B 轮、C 轮、新三板、科创板、被并购，对企业的估值定价依据都会有所不同。因此，在给企业估值时，第一要务是判断它当前业务所处的成长阶段。

三是具体交易市场（交易所）的选择。同一个资产在不同的交易市场中，估值逻辑也会有所不同。一个典型现象是当前新三板中的公司都在寻求转板 IPO 的机会，其本质是希望通过转板实现估值体系切换。并购市场、IPO 市场、科创板或者美股等，这些交易市场对应的估值水平各有不同。这也是为什么很多投资机构热衷于投资海外公司，然后通过私有化回归，在 A 股市场上市。

基于以上逻辑，所有企业家与创业者在进行资本顶层设计的过程中，都应该问自己以下 3 个问题。

第一，未来是牛市还是熊市？

第二，当前企业的资本出路是什么？

第三，这门生意处于什么成长阶段？

这 3 个问题的答案直接决定了企业的估值逻辑。企业决策者一旦对这 3 个问题给出确定答案并做出经营选择，企业在短期内的估值变化可能不会再以个人意志为转移。大量的内地公司在香港上市后，不管怎么努力，市值都远低于在内地上市的同等规模的同行业公司，背后的原因正在于此。

微观：九因素模型对估值的影响

九因素模型是指影响企业估值的 9 个微观因素。

九因素模型是以全面的视角快速判断任何一家企业的系统方法论及工具型思维方法。九因素模型的核心就是 9 个因素、18 个字：行业、阶段、战略、模式、团队、管理、股东、资本、财务。

第一个因素：行业认知，行业好坏看什么？

（1）这个行业当前规模有多大？

（2）是否还有很大的成长空间？

（3）增长速度是否足够快？怎样算快？怎样算慢？量化指标是多少？

（4）是周期性行业还是抗周期性行业？

（5）是传统行业还是新兴行业？

（6）是政策扶持型行业还是政策限制型行业？

以上都是企业首先要明确的基础问题。

第二个因素：成长阶段，覆巢之下无完卵。明确了行业空间，继续判断行业和企业的成长阶段及对应关系。企业所在的行业处在什么成长阶段？这个阶段和企业发展有什么逻辑关系？比如雷军坚信“风口论”，因为一个行业的增长势能是企业成长的最强动力。

第三个因素：战略选择，企业命运的十字路口。当一家企业真正处于产业成长周期中时，它无时无刻不在面临发展选择，而战略选择与产业的发展阶段深度融合，此时企业需要判断自身的发展方向是否契合产业发展阶段的需要；战略选择是否抓住了行业的核心命题；所选择的做强做大的业务，是否与企业发展的成功要素匹配；企业要解决的问题是不是这个行业长期的产业痛点。对这些问题的认知决定了企业发展的成败。

第四个因素：商业模式，赚吆喝还是赚钱？研究一家企业的商业模式，应该首先关注企业的业务范围：公司的上游、下游是谁；企业从供应商处买了什么产品，做了什么可以增加附加值的工作，以什么样的形式卖给了谁；企业收入结构的构成，贡献最多收入的是什么业务，贡献最多现金的是什么业务，毛利最高的是什么业务。基于以上问题形成的结构决定了企业如何为客户创造价值。

第五个因素：核心团队，事在人为。每家企业的领导者风格都不一样，管理团队的风格不一样，带领企业的风格也不一样。企业领导者的个人经历决定了他的思维方式与能力特长，农民、工人、技术员出身的企业领导者，大概率会比较务实；体制内公务员出身的企业领导者，可能比较擅长整合社会资源；市场销售人员出身的企业领导者，可能比较善于言谈；金融行业出身的企业领导者，则比较擅长资本运作。经历决定核心能力，核心能力决定思维方式，思维方式决定管理风格。

第六个因素：管理细节，从细节看企业成败。对管理细节的分析是见微知著、一叶知秋的过程，要足够细心且能有一套基于管理的理解。比如，能够从各种费用率之间的同比、环比变化中读出很多信息；再比如，针对人员占比结构的变化与结构特点也能进行相应的分析和判断。通过管理细节，我们可以了解企业的管理水平。举个例子，我们可以从“某个店内的灯泡坏了”这件事看出整个门店的系统化管理水平。如果连锁门店出现某个灯泡坏了 3 天都没修好的情况，那么我们就能看出其背后可能存在一系列问题：整个门店的现场检查管理有问题，店长的制度管理规范有问题，甚至整个集团的系统化管理水平、操作手册以及反馈机制存在问题。就像串联电路，一旦电路中某个部分坏了，关联的整个电路就都没有电了。

第七个因素：股东背景，谁是企业背后的支持者。关于这个因素，我们需要了解股本大小、股东结构、股权结构等一系列关键信息。股权结构决定了谁是企业的主心骨，谁是企业的核心二股东、核心三股东，谁是企业的战略股东，谁是企业的“钱袋子”，谁能不断地为企业提供资金，如果股东结构不合理可能会存在什么样的问题。股东中有多少专业的机构投资者，这些机构投资者的投资水平如何，投过什么案例，投资风格是怎样的，对企业业务有什么影响，对估值有什么影响……这些问题的答案都影响着一家企业未来的长期发展。

第八个因素：资本动作，是助推器还是挖坑。这里讲的资本动作并不是企业如何进行资本运作，而是这个企业的资本运作能力。拥有不同资本运作能力的企业、不同市值规模的企业，其思维方式和关注问题的逻辑不同，比如靠并购重组整合而成的企业和单一产品型的企业对业务的理解逻辑可能完全不同。对于这个因素，我们需要关注企业过去在资本层面都做过哪些事情，做了多少次并购、多少次投资、多少次融资，是不是进行了股权激励，这些信息都会直接或间接地反映这个企业的资本能力水平。深入来看，我们可以从中了解一个企业背后的资本操刀者是谁，这个资本操刀者的履历如何、拥有的资源如何。这对一个企业资本运作的成败起着决定性作用。通过观察企业的融资规模、资金结构、交易结构设计等，我们能判断企业有没有需要改进的地方。

第九个因素：财务指标，数字会说话。财务数据纷繁，却能在一定程度上反映企业最真实的一面。关注财务指标的时候，先看什么后看什么，得出的结论大不相同。为什么单一解读利润这一指标没有意义？为什么说“资产是里子、利润是面子、现金流是日子”？为什么要先看收入规模、成长水平，再看变动趋势、毛利率、费用率？为什么要关注利润构成以及“非经常性损益”这个指标？这些问题可能是我们关注财务指标时存在的困惑。这些数据并不是简单用盈利或不盈利来判断一家企业是不是好企业，而是从多方面反映这家企业的成长潜力。

价值传递模型对估值的影响

价值传递模型，指的是一家企业的内在价值逐渐反映在资本市场中并形成市值的动态过程。任何一家企业的价值传递都可分解为 5 个步骤：价值识别→价值塑造→价值描述→价值传播→价值实现（见图 6-4）。

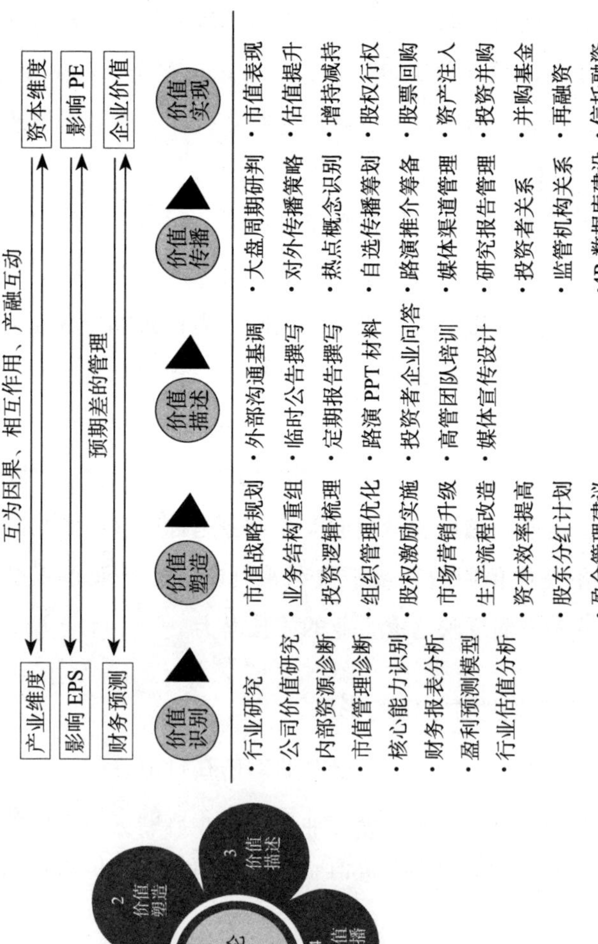

图 6-4 企业价值传递的 5 个步骤

基于这个模型，我们可以清晰地判断一家企业的内在价值在逐步传递到市场的过程中如何被一步一步传导，并最终反映为怎样的资本市场价格。

下面分别对价值传递模型的 5 个步骤进行讲解。

第一步，价值识别。一家企业内部存在什么样的价值，有什么样的产业地位，核心竞争力是什么，有没有自己的差异化竞争特色及稀缺产业资源，这些都是企业价值识别的关键。通过价值识别，我们能够找出一家企业真正的核心竞争力以及未来长期成长性的来源。

第二步，价值塑造。这个步骤基于企业本身的竞争优势、拥有的稀缺产业资源和核心竞争力，塑造并整合出一套新的战略成长体系，并在这套战略成长体系中设计整个企业未来成长性的战略路径。这一步是对企业价值的重新塑造，是企业在未来发展路径上最有可能实现结构效率提升的环节。

第三步，价值描述。其本质是将企业重新塑造的战略价值和未来的战略想象空间翻译成一套资本市场听得懂、看得懂、能接受、能被说服的语言逻辑，甚至是一套能够让资本市场信服的投资逻辑，最终体现于年报、PPT、路演材料、企业问答。价值描述的关键在于能够让资本市场充分认知企业的核心价值和未来成长性。

第四步，价值传播。这指的是通过具体路径真正传递企业的内在价值并将其传导到资本市场，它分为媒体路径、散户路径、投资者路径、财务顾问中介机构路径。不同的路径最终都会影响企业在资本市场上的最终市值表现。整套价值传播体系体现为整个企业在市场上的关注度，关注度越高，价值传播体系越有效率，这个企业产生的资本溢价就越高。

第五步，价值实现。一家企业所有价值从内到外的最终结果展现，就是这家企业的最终市值表现，包括市值的提高。不过市值提高只是价值实现的环节之一，价值实现还包括企业在不同阶段的各种资本运作，如被高估时对应的减持、增发、并购、质押，以及被低估时的资产注入、增持、股权激励甚至战略投资者的重新锁定等。

反过来思考，如果我们希望主动管理一家企业市值的高低变化，除了通过九因素模型静态地分析每一个估值要素，我们还可以更清晰地判断 9 个因素是如何在一个动态价值传导过程中影响企业市值的。

任何一家企业由内而外的市值提高方法以及市值主动管理方法都围绕着这 5 个具体步骤展开，每个步骤又具体体现为每一个工作环节的操作。这是价值传递模型的根本，它决定了一家企业由内而外的系统价值传递逻辑。

交易博弈对估值的影响

所谓交易博弈，是指资产价格与买卖关系之间存在股票供给方与资金供给方的不平衡，这会形成股票或股权价格波动的微观非技术性估值影响，具体体现在两个方面：一是买卖与供求关系的不平衡，即供大于求或供不应求，供需不匹配导致股权资产的价格波动变大；二是交易结构的设计，在整个交易过程中，通过平衡不确定性收益和股权投资价格，股权资产出现价格波动。

在这里，我们举例说明。当一家企业的成长性前景非常确定，希望投资它的投资者众多，但这样的企业股权供给量非常稀缺，它的估值就会在基本面定价模型上再次上浮，体现为最终有人愿意为获得它的股权而给出更高的价格。这个价格本身不是由估值定价逻辑决定的，而是由供需关系决定的（即要买的人太多而导致涨价）。相反，如果有企业在融资时希望得到更多的资金，但市场上想要投资它的资金很少，就会导致其股权价格被变相压低、被低估。这是交易博弈非常常见的现象之一。

下面我们再举一个例子来说明交易博弈对估值的影响。在投融资过程中，假设投资者提供了更多的投资条款保护使自己获得了更高的收益确定性，作为条件，投资者大概率会提高这笔投资的价格水平。再假设投资者愿意与创业者共担未来的经营风险，即创业者对这笔资金承担了更少的风险义务，则股权价格将下降，从本质上说，这是承担了经营风险而获得的价格补偿。从这个角度来看，交易结构与交易博弈看似非技术性要素，却对最终交易、最终成交价格影响最大。

第 7 章　资本经营两大战略命题解读

基于前文对资本经营的系统阐述，我们可以得出以下两个关系。一是市值定价影响的关系问题。资本定价与企业成长之间存在具体的因果关系与影响要素，任何一门生意都直接或间接地围绕 4 个层面影响其资本定价的变化。二是波动与行动之间的关系问题。资本定价的变化本身在 4 个影响层面上相互作用，表现为资本价格的波动，即市值的变化。在市值围绕价值长期波动时，企业应该建立并采取一套体系化的企业资本经营举措，以此实现企业增量竞争力的强化，这个过程体现为具体的资本经营体系。

资本经营的两大战略命题

基于此，从任何一家企业的战略发展中，在任何一轮资本周期下，我们都应该思考以下两个层面的战略命题。

命题一：当前企业的市值是高还是低，还有没有提高或下降的空间，如何进一步提高或降低？

命题二：这种高估或低估的状态如何转化为企业的增量战略机遇，企业在战略上应该做出何种回应以把握高估或低估带来的战略窗口，企业如何逆势而动？

从本质上讲，这两个战略命题都围绕市值波动如何反向影响企业自身的价值创造的问题做出回应与关联，继而思考企业当前有没有可能利用好下一轮资本市场机会。如果利用，如何布局，甚至是如何利用资本机会实现企业战略的大开大合。

因为国内资本市场依然处在粗放式发展阶段，整个资本市场周期一定会给每一个身处资本市场周期中的企业带来增量资本资源。市值就是这种战略资源，每一轮宏观上的资本价格波动，在微观上都体现为具体资本资源机会窗口的到来。每一轮资本市场周期实质上都是企业资本资源的重构，企业如何利用好资本市场周期，实现对资源资本的重新组合，是决定企业高度的最重要的战略命题之一。

资本市场周期会对企业的发展产生重大影响，也会对个人财富的积累产生极大的影响。甚至每一个企业家都应该思考自己在面对下一轮资本市场机会时，应该如何做好个人与企业投资的提前布局；同样，每一轮资本价格波动，除了可以是企业增量资源的反哺，也可以是企业财富和个人财富的重要战略窗口期。每一轮资本市场周期导致的资产价格波动，都决定了企业领导者何时减持，何时增持，何时退出，何时注入资产，何时逆势布局。企业之间的竞争、个人财富变化的重要窗口期，都是资本市场的大破大立之时。

案例

天齐锂业：资本经营的顺势与逆势

对于巧用资本、逆势布局的案例，我印象比较深刻的是当年处在中国锂电产业上游的天齐锂业。这是一家颇具争议的公司，但是从天齐锂业过去 10 年的几次关键性战略选择来看，这家公司在自己的资本战略选择上从宏观及长远战略出路等方面做出了考量。

2013 年，全球多个财团准备发起对当时全球最大的锂矿公司泰利森（Talison）的收购，总体并购金额为 50 亿 ~70 亿元。当时泰利森与 FMC、Rockwood、SQM 共同掌握着全球 90% 的可开采锂辉石资源。因为锂矿资源行业是锂电池的上游行业，市场份额被几个行业巨头垄断，几乎每年都会涨价，导致中国的锂盐与锂电应用产业的下游公司非常被动。

天齐锂业是泰利森在中国的最大代理商，一旦泰利森被其他矿产资源方或竞争对手收购，对于天齐锂业来说就是灭顶之灾。在这样的背景下，天齐锂业非常决绝地参与了泰利森的并购案。

当时，泰利森已经和初步并购方 Rockwood（全球三大锂矿生产商之一）进行了第一阶段的框架性并购方案谈判。此时，天齐锂业突然启动交易反击，一方面通过澳大利亚的股票市场，以“公开买入 + 协议转让”的方式低调收购泰利森的股份；另一方面，以股东身份要求否决 Rockwood 公司的收购报价，并且大幅提高收购报价。

天齐锂业的闪电反击收购战让 Rockwood 措手不及，又因为收购价格的大幅提高，其他几家并购方被迫退出交易。

在逼退竞争对手、否决收购方方案之后，天齐锂业一方面组织收购与举牌，另一方面启动了自己的并购筹款工作。

天齐锂业开始启动 A 股市场上市主体的 40 亿元的定向增发融资；同时，天齐锂业大股东抵押房产和股票筹集数十亿元，并从国家战略资源保障的产业高度，成功说服中投公司作为战略投资者出资，形成联合收购方，同步说服中国工商银行与国家开发银行针对此次交易方案提供并购贷款。最终，天齐锂业以近 80 亿元的总并购交易额收购泰利森 100% 的股权（集团间接持有 65% 股权，中投公司子公司间接持有 35% 股权），并承诺收购完成后将集团持有的泰利森股权一并装入旗下上市公司。要知道，当时天齐锂业的市值还不到 100 亿元，对天齐锂业来说，这种级别的战略布局绝对算是赌上了全副身家。

更为关键的是，因为动用的资金体量太大，天齐锂业面临巨大的短期财务压力。于是，天齐锂业搭建了一个极具战略格局的交易结构，它引入当时的并购竞标方 Rockwood 作为泰利森的第二轮战略投资者，以置换中投公司的溢价退出；并且与 Rockwood 联手组成战略联盟，整合上游资源，引入 Rockwood 的核心技术与工艺，拿到了 Rockwood 提供的低息贷款，作为回报，天齐锂业给 Rockwood 提供了一个核心锂矿资源 30% 股份的认购权。

收购完成的当年，天齐锂业因为涉及巨额贷款所产生的利息成本，连续两年亏损，导致公司被 ST 处理（退市风险警示特别处理）。但到了第三年，业务整合完成，同时一轮牛市如期而至，伴随下游新能源领域的全面爆发，天齐锂业实现了利润与市值双丰收。2016 年，天齐锂业的净利润达 15 亿元，市值一度超过 700 亿元，成为全球新能源产业的最大赢家。

回顾过去资本市场的起伏，我们发现，资本市场的每一轮牛市与熊市的切换，都伴随着一批企业的崛起与一批企业的消逝。下面我们通过一些具有代表性的数据了解其中的规律。

我们统计了 2012 年与 2015 年福布斯中国富豪榜的数据（见表 7-1 和表 7-2）。在 2012 年牛市还没有启动时，中国首富是娃哈哈集团董事长宗庆后，当时他的身价为 630 亿元，而第十名是身价为 252 亿元的许荣茂。

表 7-1　2012 年《福布斯》中国富豪榜

排名	姓名	2012 年财富（亿元）	公司	行业
1	宗庆后	630	娃哈哈	饮料
2	李彦宏	510	百度	搜索引擎
3	王健林	504	万达	房地产
4	马化腾	403	腾讯	互联网
5	吴亚军夫妇	390	龙湖地产	房地产
6	梁稳根	372	三一集团	机械装备制造
7	刘永行	365	东方希望	饲料、重化工、投资
8	许家印	308	恒大集团	房地产
9	杨惠妍	277	碧桂园	房地产
10	许荣茂	252	世茂集团	房地产

表 7-2　2015 年《福布斯》中国富豪榜

排名	姓名	2015 年财富（亿元）	公司	行业
1	王健林	1905	万达	房地产
2	马云	1384	阿里巴巴	互联网
3	马化腾	1118	腾讯	互联网
4	雷军	838	小米	手机
5	王文银	768	正威集团	有色金属
6	李彦宏	660	百度	互联网
7	何享健	591	美的	家电
8	许家印	553	恒大集团	房地产

（续）

排名	姓名	2015 年财富（亿元）	公司	行业
9	刘强东	495	京东	电商
10	丁磊	476	网易	互联网

仅仅 3 年之后，2015 年，中国首富就变成了万达集团董事长王健林，他的身家高达 1905 亿元，而排名第十位的是曾经的中国首富丁磊，他的身价为 476 亿元。短短 3 年，首富的身价增长了 2 倍多，原因是什么呢？原因是 2014—2015 年中国 A 股市场大牛市所带来的资本市场周期的变化，每一轮牛市都会带来整个社会资产价格的上涨，带来整个社会财富分布的二次重构。

再深入分析，我们可以看到，2012 年，牛市还没有启动，中国富豪榜的前十名大多来自传统行业。2012—2015 年的资本市场周期中，A 股市场在 2013 年开启了一轮新经济的结构性牛市，并在 2014 年下半年转化为系统性大牛市，其中涨幅最大、牛股最多的板块就是中国的移动互联网带来的“互联网 +”新经济，而在当时的周期下，互联网新经济也确实带来了巨额的利润收益。

在这样的产业周期和资本市场周期的共振下，马云从富豪榜的 10 名开外直接跃升为第二名，身价从 214.2 亿元涨到 1384 亿元。此外，马化腾的身价从 403.2 亿元涨到 1118 亿元，雷军以 838 亿元的身家排名 2015 年《福布斯》中国富豪榜第四名。百度、京东、网易等公司的领导者都成为那一轮资本市场中崛起的财富力量，他们抢占了当时资本市场最大的风口，并成为3年之后福布斯中国富豪榜的生力军。

3年时间虽然很短，但在资本市场中，那就是一个时代，足以让产业市场发生天翻地覆的变化。

关于两大战略命题的解读

接下来，我们以案例引入，重点解读一下资本经营的两大战略命题。

案例

一家老牌公司的战略成长逆袭

这家公司的主营业务是金融IT业务。当年作为当地第一家软件公司登陆资本市场，它一度成为当地的明星上市企业。但上市之后，因为老业务增长空间有限，公司内部的几位合伙人开始探讨公司新的战略方向。几经讨论，几位合伙人各自形成了不同的看法，没有达成战略统一意见，最终的商议结果是几位合伙人每个人尝试孵化一块新业务，并约定3年之后，谁能把新业务的收入和利润做起来，谁负责的业务就作为公司下一轮战略发展的主营业务。

时间一晃就来到了2012年，此时公司的业务组成结构大致为：老业务金融IT，一年净利润大概为3000万元，占总利润的一半；剩下的 3000 万元来自孵化的另外 4 块业务及其他业务的总和，包括硬件分销、系统集成、医疗 IT、汽车 IT 及物业。

这样的战略状态导致以下几个经营状况。

第一，公司上市 10 年后利润从 3000 多万元提升到 6000 多万元。就投资而言，这个增长速度可忽略不计，只比银行利息收益高一点。而且业务增长来自非主营业务收入，当时有研究员在调研后直言："这家公司不知道自己想做什么，6 块业务自己都看不清楚，这是一家没有价值的公司。"

第二，因为没有明确的战略方向，公司的市值没有增长，没有人愿意推荐这家公司。因为业务结构杂乱，这家公司长期不被资本市场认可，资本市场甚至不知道这家公司的长期追求是什么，也不知道这家公司的长期成长性如何，更不清楚这家公司的长期价值归属，研究员、投资者、基金经理因此逐步忽略了这家公司。

第三，因为投资者关注度低，公司市值表现平平，股价被持续低估。在自 2002 年上市到 2012 年的 10 年间，公司市值的涨幅仅为 13 倍，刚超过上证指数，其市值为 15 亿元、市盈率为 20 倍，而竞争对手的市盈率常年超过 50 倍。公司长期交易量低迷，投资机构被"套住"。

我们基本可以看出，这家公司正在逐渐被资本市场遗忘。投资研究员不看好，散户少有听闻，虽然其业务经营上没有重大风险，而且非常稳健，账上常年有几亿元的现金储备，但是公司的资源能力没有办法转化为公司的有效成长性。

这样的上市公司在A股市场上并不少见。接下来，我们围绕以下3个问题冷静思考这家公司的战略机会。

问题一：如何看待未来3年的产业机会？

2012年，其实是中国金融行业的变局之年。从2012年开始，政策开始推动利率市场化，整个中国的虚拟经济发展开始加速。金融体系的加速发展，离不开IT系统的支持，金融的监管、风险控制、交易全部需要通过信息化解决。甚至可以说，金融信息化水平直接决定了金融行业的发展水平，信息化成为金融IT行业未来发展的重要支撑。

在当时看来，金融发展加速代表下游IT建设将出现新一轮机会。从2012年开始，新券商、新基金的设立，各种金融体制的创新，以及创新金融衍生工具的发展，都会带来IT建设需求的爆发。根据当时调研的情况，之后3~5年，证券IT行业中软件业务规模有较大概率超过10亿元、基金IT业务规模接近10亿元、信托保险IT业务规模接近30亿元、银行IT业务规模总量将超过百亿元。中国金融IT建设将迎来一轮大发展。

在此逻辑下，该公司的战略选择逐渐清晰，与其同时让6块业务单兵作战，不如把所有资源能力聚焦于一点，将其中一个潜力最大、前景最好的机会做深、做透，对其余5块业务逐步减弱投入或将其剥离，做大未来具备百亿元级别行业机会的传统大金融IT业务。

如果要聚焦，随之而来的问题是：布局创新金融IT业务，最关键的机会在哪儿？除了传统的金融机构的IT升级与服务机会，2012年还有一个更重要的产业机会正在孕育——互联网金融。

虽然现在看来，以互联网金融为代表的金融科技行业已经形成了巨大的产业机会，但当时的趋势并不像现在这样明显。在当时，互联网金融的机会主要来自以下几个方面。

一是金融行业有超过10万亿元的行业规模，哪怕互联网的渗透率只有1%，这对互联网金融来说也是个千亿元级别的机会，而对相关的金融IT机会至少是百亿元级别的。

二是移动互联网对金融IT行业的改造将不是修修补补的模块升级，而是为其带来产业变革的机会。互联网金融的碎片化、海量化，直接导致互联网金融会让金融IT公司的业务出现本质上的改变，甚至连提供的产品与服务的对象都会随时改变。余额宝上线第一年即实现6000亿元的规模、用户突破1亿人。相比之下，2012年中国最大的公募基金只有2000亿元的规模。而前者的背后是有IT系统的支持的。

三是互联网金融对金融行业的影响是全方位的。它对每一个金融行业的参与者都产生新模式、新业态、新技术的影响。这种影响具体又体现为以下3个方面。

（1）金融机构的移动互联网化。当时，互联网金融多是第三方支付、众筹，但是互联网金融真正的主赛道是主流金融机构的互联网化，即券商、基金、银行等各种传统金融机构的移动互联网化。

（2）互联网企业的金融化。因为互联网企业拥有大量的用户与数据，这为其带来了金融化机会，大量的互联网企业，比如腾讯、阿里巴巴、京东、苏宁等公司都在布局金融产业。而互联网公司布局金融产业的最薄弱环节在于风险控制，而基于风险控制的 IT 系统又需要专业的服务商。

（3）传统产业的互联网金融改造。各个行业的供应链金融都可以被互联网金融化，从而对传统产业进行重构和改造。随着基于产业供应链的互联网金融服务成为各个产业的平台级的基础设施服务，这又将带来一个万亿元级别的机会。

在这样的金融变局下，金融 IT 公司不但可以提供互联网金融 IT 服务，还可以提供互联网金融的运营服务，甚至可以提供互联网金融内容服务。由此可见，这是产业变革的时代。

问题二：如何看待未来 3 年的资本市场机会，怎样看待与抓住下一轮资本周期？

2012—2013 年，资本市场行情相对较差，大多数投资者都在期待股市政策的推出，但因为从 2011 年下半年开始，股市就开始了漫长的下跌，投资者普遍认为 2013 年股市应该不具备连续暴跌的可能，而且当时以该公司为代表的很多中小企业的市值都已经很低了，下跌空间不大。但是从中长期来看，整个中国 A

股市场的熊市环境应该会在未来两年内结束，一是因为A股市场历史上任何一次单边熊市都不会超过3年；二是已经有大量的产业资本开始启动增持回购，平均市盈率也处于历史最低水平。

基于这样的情况，该公司也进行了一次战略机遇研判：在未来3年，公司市值向上的机会远远大于市值向下的机会，如果未来市值上涨，公司利用互联网金融这样的产业机会，将可以从资本市场中整合大量的产业资源、资金资源，甚至人才资源。小公司在面对大产业的变革机遇时，最重要的是获得源源不断的资本支持，否则机会再大自己也接不住。

问题三：公司管理层的经营思想如何？

这家公司面临新一轮的产业变革机会，又处在一个资本市场上行周期的起点，对公司来说，还有第三个更关键的问题：公司如何利用这样的机会，应该如何作为？公司过去10年在经营上错过发展机会，说明其经营思想存在一定缺陷。上一轮失败的地方其实就是下一轮要突破的关键，因此公司要以产业经营思路为前提完成系统思考，如果公司的经营假设与经营思想不能完成升级，那么也无法抓住这一轮机会。

公司如果不把第三件事情做好，即使把第一件事情、第二件事情做得再好，也是无用的。

其实很多公司都面临这样的问题。面对产业变革的机会以及新一轮的资本市场周期，如果公司管理层只是一门心思埋头关心供研产销，满足于做小生意，是不可能抓住产业机会的。要想抓住产业机会，公司就必须从产业经营与资本经营的思维高度理解自身的产业发展模式与路径选择。

基于此，此战略命题包含以下 3 个关键工作。

第一，从纯粹的产品经营型公司走向产业和资本互动型公司，以借力资本市场，真正发挥上市公司的平台优势。其中的核心在于是要多获取利润和现金流还是要市值规模上一个台阶。

第二，从纯业务机会思路走向产业型思路。其中的核心在于是抓住盈利机会还是抓住产业格局纵深机会。公司如果靠金融 IT 卖产品、上业务线固然可以，但是如果不思考布局互联网金融 IT 产业，很可能会再次错过一个千亿元级别的机会。

第三，从部门矩阵管理制走向平台化合伙人制、重度孵化机制、以创新文化为导向的发展模式。

基于以上思路，该公司做出了重大战略调整。总体来看，之后 5 年，这家公司至少在以下 10 个方面取得了重大进展。这些进展在公司的市值成长与业务经营方面起到了至关重要的作用。

（1）达成经营共识。整个高管团队进行战略研讨，统一思考，做出选择，明确了公司的长期战略出路、价值取向，本质上是做出了一次关于企业未来走向的深度选择。

（2）战略升级。公司聚焦资源，回归主业，并以互联网金融为契机，以金融 IT 为切入点，定位于互联网金融的 IT 服务和运营商，实行技术、平台、流量三步走，全面布局互联网金融产业，并将非核心资产、非营利性资产陆续剥离，优化资产结构，提升自身盈利能力。

（3）组织结构优化。公司推动平台化改造，推动创新业务试点，启动重度孵化机制，鼓励团队创业，把公司这 1 个发动机直接拆成 10 个发动机，从部门经理开始二次创业，实行独立单元、独立经营、独立考核。

（4）推动股权激励。公司根据业务布局和组织安排，绑定骨干员工，实现公司和员工的利益分享，打造核心人才的长期事业平台。

（5）清晰成长逻辑。公司基于战略选择，充分论证自身的成长路径的正确性，并向资本市场与产业合作方展示清晰、可控的未来成长方向，将战略资源转化为公司的长期成长动力。

（6）建立与资本市场的全面沟通体系。公司主动拥抱资本市场，与资本市场建立立体的沟通机制，将公司的想法与资本市场进行实时沟通，并从产业市场 + 资本市场的角度，不断修正和调整自身未来的产业机会选择。

（7）资本的顶层设计。基于公司的战略构想，高管团队对资本平台如何提供支持、何时发股发债、要不要成立并购基金、投资并购投什么方向、增持减持如何安排等问题做出了回答。

（8）战略投资者引入。围绕整个公司产业战略的大格局，高管团队全面扫描战略投资者的资源匹配情况，并且通过与公司战略的深度结合，引入拥有产业资源的战略投资者。

（9）投资并购落地。公司通过投资和并购能力的孵化，推动自身新业态的布局，以及公司新一轮核心竞争力的发育和打造，并围绕大数据、云计算、人工智能等技术进行投资并购布局。

（10）重度孵化机制打造。高管团队让真正有想法、有能力的人利用公司的资源做二次创业，并实现他们的独立融资、独立发展，通过团队持股、孵化融资，打造新一轮的创业机制，完成公司新动力、新动能的打造，把公司打造成了一个创业平台。

最终，经过 3 年的战略调整，该公司的市值从 15 亿元涨到 700 亿元，涨幅远超大盘中行业其他竞争对手。3 年市值增长了 40 多倍，其巅峰时期的涨幅居 A 股市场前十。其实，该公司最大的收获应该是基于这一轮新的产业周期打开了一个全新的成长空间，让自己的发展路径更加清晰。

市值的关键意义是提升战略信心，其次是帮助品牌融资、并购、激励人才，最后才是增加股东财富。其实每一条 K 线背后都有一段汹涌澎湃的产业故事，关键的是我们能否看懂 K 线，能否走到 K 线背后去了解公司到底发生了哪些转变。

市值是企业成长过程中最关键的变量。在当前经济环境下，如何利用好资本市场的资源、思维、眼界、规则，是每家企业都必须系统思考的核心战略问题，这个问题和供研产销不是一个层次的话题，它们所导致的结果也必然不同。

案例

成长性与资本化实践中的企业样本

A 公司生产治疗心脑血管疾病的原料药，年净利润约为 1500 万元。当时，A 公司准备与另外一家年净利润为 2500 万元的新三板公司 B 合并重组，并由 B 公司找了一家投行负责中间设计。当时提出的重组方案有两个：第一个是两家公司直接合并重组；第二个是 A 公司将一块未来 1 年利润为 1000 多万元、3 年后利润为 2000 万元的新业务卖给 B 公司。

A 公司领导者不清楚股权结构应该怎么搭建，于是找到了我们团队，征询意见。一开始，我们觉得事情很简单。B 公司每年已经有 2500 万元的净利润，再买走 A 公司的子业务，该业务成长之后年利润为 2000 万元，加起来一年近 5000 万元的利润，在这种情况下上市比较容易。

但 A 公司领导者认为，既然 B 公司要买，就不要只买一块业务，干脆都买走，因此他主张 B 公司将新业务和年利润为 1500 万元的老业务一并买走。这时，大家突然发现，两个方案都不行！

原因一，如果 B 公司把老业务全部买走，由于收购方的资产体量与被收购资产接近，会直接触发重大资产重组，B 公司将直接丧失 IPO 的机会，重组完成后 3 年之内不能上市。

原因二，以子业务作价，大股东通过参与定向增发的方式成为 B 公司的股东，但如何确定投资价格？谈判期间，B 公司主动，

A 公司被动，A 公司可能需要在谈判中进行价格让步，这会导致交易被动。

原因三，B 公司股东结构复杂，之前的融资过程中引入了大量股东，导致重大决策难以协调，这将影响到交易过程中的风险评估、对赌条款等多个方面，致使谈判受阻。

原因四，机会成本。一旦 A 公司把子公司资产卖给 B 公司，而上市计划失败，此后资产如何进行回收？如果是代持结构，届时如果回购资产，可能又触发第二次资产重组，而独立 IPO 需要等 3 年，如果 3 年后 IPO 失败，整改后继续申报 IPO，再经过审批的各个流程，A 公司的上市过程可能长达数年甚至数十年。

听完后，A 公司领导者当即懵了，不作声。经过讨论，我们认为，与其考虑这不靠谱的并购方案，不如系统论证、调研一下，考虑到当时 A 公司有 1500 万元的年利润，且 3 年后有一块子业务每年能多赚 2000 万元，加起来就有 3500 万元的年利润，IPO 还是有机会的。因此，我们重新规划了重组路径。

我们判断，A 公司的主营业务原料药这个行业未来有以下 3 个核心趋势。

趋势一：国内的生产厂房资源由于环保政策的推行有明显减少，而原料药的核心品种都在涨价且供不应求，因此行业整体情况较好。

趋势二：大背景下，受“4+7”药品集中采购[①]的影响，终端药厂毛利润被挤压并传导到上游，导致上游原料毛利率下降。

趋势三：原料药行业有壁垒、有技术、有核心品种，因此 A 公司具有核心的定价优势。

基于这 3 个趋势，我们当时得出了以下 3 个核心产业判断。

判断一，要扩大生产经营，首先必须有基础生产基地，并确保未来环保合规，排放达标，规避生产基地未来被关停的风险，然后基于这一要求整体设计未来的厂房布局和搬迁方案。

判断二，未来研发会越来越重要，产品线会越来越重要。

判断三，增强研发力有两条路：一是自己建立强大的研发团队，能做定制化和深度研发，就像 CDMO 公司一样；二是形成一套很好的组织生产机制，对其他产品线进行整合。

进一步研判后，我们发现第一条路很难走。如果没有“基因”，慢慢发育能力很难，尤其是培养科研能力。因此公司只能走第二条路，围绕未来要布局的领域和空间建立产品研发布局矩阵，然后以股权方式进行合并。而要合并就必须明确整个股权架构、未来增值空间和增值机制，因此走第二条路，必须有明确的用业

---

① “4+7”药品集中采购是由国家医疗保障局、国家卫健委、国家药监局等部门组织的，以北京、上海、天津、重庆 4 个直辖市和沈阳、大连、厦门、广州、深圳、成都、西安 7 个副省级城市共 11 个试点城市的公立医疗机构为集中采购主体，组成采购联盟，目的是解决药品价格虚高问题，让广大消费者以比较低廉的价格用上质量好的药品。——编者注

绩换股权、用产品线换股权的合作方法。如果通过整合方式重组产品线研发能力，那么公司必须做好系统准备，在做好系统准备后，在全行业范围内寻找可以合作的产品线。

基于以上逻辑和选择，A 公司开始在全行业寻找并购整合对象，围绕治疗心脑血管疾病药物上游的原料药的核心产品线进行布局，并根据公司的情况寻找了将近 30 个产品线，做了一些特别的选择：一是选择了规模适中的产品线；二是选择了有较大毛利率空间且相互有借力整合机会的产品线；三是选择了能被整合且与公司的销售资源能力相匹配的产品线。

完成了这些任务，接下来的关键举措就是制定具体的整合重组方案和股权结构。

首先是确定大方向。A 公司按照 3 年后上市要实现 5000 万元的利润的思路倒逼整合资源释放业绩，形成明确的资本主线，即未来的融资、增持、减持、股权激励的时间表。

在这样一个背景下，A 公司整合了 12 个产品线，包括抗癌药原料药及原料研发的配套中间体等。

至此，这家公司彻底完成了“基因”能力的升级。其间，A 公司还找到了一家具备持续研发能力矩阵的 CRO 公司（医药研发公司）。CRO 公司有生产基地，可以在符合环保条件的同时持续开展规模生产；它也具有顶层的股权架构，能够保障双方将力往一处使，同时又能对抗风险；此外，它有上市可能性与具体执行方案。未来一旦整合成功，A 公司潜力无限。

最后，A 公司设立了一个部门，专门对接各个子公司以完成整合，在股权对接完成后，该部门会进行调研、交付股权工作以形成联合体，再把所有的股东放到有限合伙人里。

得益于这一系列操作，A 公司从以前的驱动力是一直做 3 个产品线，市场行情好就盈利，市场行情不好就少盈利，变成了老业务仍然在盈利，同时又做好了新业务。

在这个背景下，新的成长空间和未来的资本可能性又推动 A 公司引入了一轮国资背景的战略投资者，帮助其在行业中进一步强化了影响力和战略布局，彻底确立了行业地位，现在 A 公司的净资产已近 3 亿元，并且正在筹备 IPO。

回顾这个案例，你会发现有两件事情非常重要。

第一件事情：基于战略设计与产业机会重新设计公司的股权池，对公司的股权逻辑进行升级，为公司的下一轮成长奠定基础。不难发现，公司的顶层股权池设计得好犹如“基因重组”，是对企业能力基因核心代码的重新“编辑”。

在设计股权池时，公司一定要完成以下 6 项主要任务。

（1）完成合伙人绑定。公司与合伙人分配股权时，一是要避免均分，因为长久来看，均分很可能会出问题；二是要避免合伙人拿了股权不做事，或者出钱不出力；三是无论合伙人还是分管核心业务的副总，股权和激励都必须分开。

（2）预留核心员工的股权池。公司应专门设置一个包含

10%~20% 股权的股权池，当员工表现优秀，与公司共谋发展，有长期的合作机会或绑定机会时，开放股权池给员工发放期权。这里建议明确每年发多少股权，并在发放年终奖时把期权一起发给员工。

公司应在员工入职时便告知其期权规模及发放标准，如果发现员工在实际工作中的优秀程度高于预期，公司可以在谈定的期权基础上再提升一点。

（3）预判未来的 B 轮、C 轮、D 轮的投资人股份稀释。如有必要，公司要提前安排 AB 股架构（同股不同权），以应对不时之需。

（4）提前考虑好未来减持的股份。如果公司放在个人名下，未来减持股份是受限制的，而且很多投资机构会要求 C 轮融资之前创始人不能减持股份。因此，公司一定要提前考虑好股份减持，这涉及大量的税费。

（5）预留战略级股权资源。其中包括为战略级别的合伙人、产业投资者，以及拥有某种特定产业资源的资源方预留。

（6）算清自己的股权账。这里有两种思维：一种思维是觉得 100% 的股权分解之后只剩 30%，甚至不到 30%；另一种思维是把自己已有的股权理解成 100%，此后的增量在此基础上增加，使总量变大。合伙人的思维高度在很大程度上决定了公司未来发展的高度。

第二件事情：从股权池设计到合伙人机制，通过组织机制设计完成整个公司动力的二次转型升级。基于此，公司要进一步设计好合伙人结构，但在过程中一定要把握好以下 10 个方面。

（1）与 KPI 挂钩。如果要给员工发放股权，公司一定要核算好相应的 KPI，规定 KPI 达标了才会发放股权，没有达标则不会发放股权。

（2）分期兑付解锁。公司应按股权激励的方式，团队到位之后先考核一年，期间相互磨合，期权分期解锁，分期过户，并且做好协议约定，3 年之内如离职，则期权执行取消。

（3）可定向安排分红激励。公司可以针对员工或合伙人做定向分红安排，甚至与指标挂钩进行奖金激励，这样大家会比较重视期权，期权的价值就会提高。

（4）安排远期期权行权。比如，公司现在没有实力行权，可以告诉大家 3 年之后至少会实现 10%~20%，现在发的期权未来可以兑换。

（5）远期的投融资安排。公司一定要设计好长期的交易结构，做好远期的投融资安排。

（6）利用有限合伙平台统一持股。公司最好在合伙章程中规定，核心签字人超过多少数量决议有效，尽量降低个人变动或个人失信对公司的影响。

（7）全员承担业绩压力。员工既然要换股权，就要扛 KPI，形成对冲机制。比如，公司现在估值为 1 亿元，员工要获取 10% 的股权，可以给公司 1000 万元现金或通过业绩为公司贡献 1000

万元的利润。相对而言，通过融资稀释 10% 与为公司创造 10% 的利润，后者比前者更有价值，因为利润可推高未来的对外估值，形成衡量指标。

（8）短期内退出无效机制。退出无效机制主要用于划分权、责、利，公司在员工入职时要通过法律条文与其约定，比如员工 3 年之内离职，股权无效。阿里巴巴、腾讯就有这样一条约定：员工在入职后 1 年之内离开，股权无效。

（9）每年动态的考核机制。股权激励最好每年都有，公司可以把它当作工资的一部分。持股计划以及未来的与工资兑换的机制对于员工来说比较有利，公司可以把这套机制作为动态激励机制。

（10）提前考虑 AB 股投票模式。公司要让投资机构接受无投票权股票，就必须做出一定程度的保障，这种结果是谈判形成的而不是既定的。

第 8 章　高市值公司的共性规律

在前文中，我们从理论上理解了资本成长的底层逻辑与企业估值的影响要素，从模型到实践，从那些市值高速成长的企业的实践中，我们能看出哪些共性规律？这些规律对企业的战略发展和经营行为选择具有怎样的借鉴意义？下面我们尝试对其做了系统性的论证与分析，形成了 6 个规律性的共性经验，供大家参考。

规律一　寻找品质优秀的生意，找到“长长的坡，厚厚的雪”

我们能够观察到，所有高市值公司最大的共性是它们都在经营一门品质优秀的好生意。有一门好生意是创造投资机会的前提。适合进行投资的，大概率是好生意；但是好生意不一定都适合投资。当前中国经济处于存量状态，好生意的标准和过去有所不同，有些生意天生就具备优秀的品质，这种生意所在的行业往往容易出现大公司，有些生意则容易产生各种各样的问题。

1. 好生意的标准

对当前的“好生意”，我认为应该具备以下 6 个特点。

特点一：定位精准的细分市场。中国经济经过 30 年的高速发展已经形成了一个比较大的体量，相对成熟的行业基本都有稳定的行业供给方，找到有明显供给缺口的生意机会的概率很小。这两年我看到的“好生意”机会更多地出现在细分市场中。这一市场可用经验指标进行衡量，如果全国的目标用户超过总人口的 1%，且每人每年可稳定消费 1000 元以上，这就是一个 100 亿元规模的潜力市场。其中，最典型的例子就是知识付费行业。2018 年，国内知识付费的用户数量已经达到 2.7 亿人，人均付费几百元，知识付费市场规模已超过 90 亿元。

特点二：毛利率远高于获客成本。很多人认为，毛利率高的行业就是一个好行业。其实不然，有些行业的毛利率虽然很高，但其销售费用也非常高，如护肤品行业。护肤品的毛利率非常高，有些甚至可达 80%，但是其广告费、渠道费、分销费加起来可能占据售价的 40%~50%。而如果毛利率比较高，且获客成本相对较低，这种生意就可能是一门好生意。在当前的互联网新背景下，在新技术、新环境的驱动下，有些品类的销售费用、获客成本被大幅压缩，用户复购的商业模式得以重构，管理流程得以再造。若能通过持续的融资压缩财务成本，以前利润相对微薄的生意现在也开始变成了好生意。这也是近些年“很多中国的传统行业都值得被互联网产业重新做一遍”这句话广为流传的原因。

特点三：品类强势。所谓品类强势，简而言之，就是用户对产品基本没有讨价还价的空间，产品满足了用户的痛点需求。“品类强势”包括两种情况：一是行业本身的供需状态失衡，是典型的卖方市场，供给比较少，需求刚性高，比如医疗行业，尤其是抗癌药等；二是在供需稳定的市场，产品被打造为行业中的强势品类，如苹果手机，通过实现标准化完成快速放量。

特点四：外行不容易进入。这主要是指行业进入门槛高。其中一种是牌照准入，其背后是某种特定资源或某种特定经营许可。这类行业的典型案例是能源行业，如加气站和加油站，其现金利润回收非常稳定，拿到准入牌照就约等于未来许多年有稳定回收的现金流。另一种是能力准入，一般以高级知识分子、高科技能力或超高智商作为门槛，其特定资源是从业者个人的知识、经验或专利。选择有门槛的生意，比较忌讳选择那些进入门槛极高的行业，这些行业的参与成本非常高。

特点五：产能放量不依赖某种特定资源。有一些生意具有前面 4 个特点，参与者、竞争者不容易进入，但是存在另外一种情况，那就是参与者本身产能的供给比较有限。我们曾经调研的“正骨行业”即是如此。这个行业面临的需求量巨大，中国有远超过1%的人肩颈有问题且每人每年在这方面的消费额远超1000元；其毛利率远远高于获客成本，且行业产品品类非常强势，正骨效果好的大夫可遇不可求。此外，这一行业有很高的技术门槛，竞争者不易进入。但是这门生意有个很大的问题：它非常依赖正骨大夫的经验和技术积累。培养一个真正能处理颈椎和肩颈复杂问题的正骨大夫一般需要10年的时间。因为这个问题的存在，这门生意可以获利，但是不容易发展壮大。这种生意在一定程度上就不能被定义为好生意，因为其生产资料与产能严重依赖某一种特定的生产资源。

特点六：领先者能够持续保持领先优势。很多行业中第一名的公司形成“护城河”后，很容易被行业第二名、第三名、第四名跟进，这种情况叫作“后来者优势”，且后来者大多采用跟随策略。以互联网为例，一旦新一轮颠覆性技术出现，原来的第一名如果没有及时跟进而被第二名、第三名抓住机会，那么其“护城河”很容易被打破。试想一下，如果微信没有出现在腾讯体系内部，腾讯的发展将如何？真正的好生意一旦建立“护城河”和领先优势，就能持续产生正向经营循环，不断扩大优势，实现强者恒强的产业格局。典型案例如鸭脖行业，一旦某公司在全国完成整个零售渠道的布局及终端用户品牌的建立，并在肉类、禽类的熟食加工上完成供应链的整合，其竞争壁垒便非常高，在领先优势已形成的情况下，后来者想要复制甚至超越的难度会非常大。

2. 好生意的认知误区

除了以上 6 个特点，了解一门生意是否具备足够优秀的品质，还应避免陷入以下几个误区。

误区一：以行业头部公司的情况评判行业的整体情况。典型案例如火锅行业，海底捞 2018 年单店盈利达到 360 万元，它拥有 460 家门店，如果以此为指标认为火锅行业发展得很好而猛扎进去，完全可能遭遇另外一番景象：整个火锅行业的平均开店寿命只有 1.5 年，大部分火锅店濒临倒闭。头部公司的盈利能力不能代表行业整体水平，我们要看平均水平、整体水平，以及进入的门槛。

误区二：忽略隐性成本与风险。有一些公司的账面看起来非常漂亮，现金流情况很好，但是当我们看它的财务报表时，算上折旧和摊销，其实它的利润率相对较低，典型案例如美发行业。有些行业存在一些隐性风险，典型案例如医美行业。过去 3 年，医美行业的盈利能力非常强，但自 2018 年行业整顿开始，行业整体盈利水平下降。除了隐性成本与风险，对折损率、退货率、客户维护成本以及售后成本等因素，我们也需要综合考虑。

误区三：忽略资本杠杆的局限性。人们在资本化前提下讨论一门生意的好坏时，很容易忽略两个要素。其中一个要素就是企业能否通过资本杠杆提升企业成长性。资本杠杆对不同生意的促进作用不尽相同，有些生意可能获取了融资也无法加速发展。因此，评估一门生意的好坏，需要评估资本化对提升成长性的促进作用。

误区四：忽略生意的阳光化成本。有不少生意因为不阳光、不规范、不正规，在五险一金、社保、税务以及阳光化监管下出错，而出现成长性受损或行业本身萎缩的情况。企业要实现资本化，前提是必须完全接受主流资本市场和主流监管机构的全面监管，有时在选择“好生意”时，会出现一定的矛盾性与不可协调性。

案例

农夫山泉：比茅台的净资产收益率更高的矿泉水“搬运工”

瓶装饮用水是一门典型的好生意。分析饮用水市场我们会发现，在中国，瓶装饮用水拥有 2000 亿元的巨量市场规模，并且该市场是长期增长且极其稳定的，行业竞争门槛极高。

瓶装饮用水这门生意有以下几个特点。

第一，这是一种日常消费品，其典型特点是消费足够高频。在高频场景中，矿泉水对消费者心智和品牌认知的占据能力非常强，所以它的品牌价值能够持续沉淀。用我们过往的消费品投资模型来看，任何一个消费品，只要消费者能够持续复购并形成消费习惯，这门生意就可以形成围绕单个消费者的现金流回收模型。不同品牌的瓶装饮用水的口感差别虽然很微小，但是随着人均 GDP 水平的提高，生活条件较好的消费者对饮用水的要求会越来越高，这和全球的消费趋势是一致的，所以农夫山泉的消费者对它的矿泉水水质的忠诚度以及品牌信任度会持续提高。

第二,一旦消费者构建了消费者认知并认可了某品牌，他一年喝矿泉水的次数会稳定增长。很多消费者或直接或间接、或主动或被动地选择了喝农夫山泉的矿泉水，以致其未来多年在农夫山泉矿泉水上的花费相对固定，从而形成了一个长期稳定的现金流循环模型。其原因在于消费者的品牌忠诚度足够高且喝水是基础需求，消费者行为足够稳定。

第三，矿泉水行业有一个特点：因为矿泉水消费频次高，所以该行业是典型的高周转、低毛利行业。下面简单计算一瓶矿泉水的成本结构：一瓶矿泉水售价大约为 1.5 元，其中水的成本为几分钱，外包装（盖子、瓶子、胶带、盒子）的成本大约为 0.2 元，广告费大约为 0.2 元，经销商成本大约为 0.6 元，终端门店成本大约为 1 元。单从毛利率结构来看，这门生意看似很辛苦，因为大部分的利润都让渡给了渠道和终端门店。但是，矿泉水并非制造业的耐耗品，矿泉水行业真正的价值在于围绕高频消费体系建立起来的供应链能力、物流能力和经销商体系。

这套体系才是快消品盈利的关键，这是藏在水面下的看不到的核心竞争力。农夫山泉通过瓶装饮用水完成了这套物流供应链体系的建设，再推出其他高毛利的产品，增量的盈利就会变得非常丰厚。这也是农夫山泉不断推出其他果汁品牌的原因。

矿泉水相当于农夫山泉“修路”的工具，一旦农夫山泉把这条路修好，每次推出一个新的消费品类，就相当于驶过一辆车，每一辆车都可以收一次过路费。这就是农夫山泉的净资产收益率比茅台更高的原因。它的真正核心竞争力在于这一套基于全国范围内的分销体系与下沉网络的壁垒。而这个壁垒是很多公司投入100 亿元都建不起来的。

相比之下，视频网站就不是一门好生意，尤其是以腾讯视频、优酷视频和爱奇艺为代表的中长视频网站，完全陷入了三足鼎立、谁也无法“一统江湖”、只能被动持续投入资金的局面。

视频网站的商业本质是视频版权的交易。中长视频网站不同于短视频网站，中长视频内容的生产一定是专业生产内容（Professional Generated Content，PGC）模式，这就决定了中长视频网站的底层商业逻辑是必须投入大量的资金购买各种网剧、电影及在线视频内容的版权，并且需要投资服务器和带宽，换取更好的用户体验，以实现用户留存。

这就出现了以下 3 个根本性的问题。

（1）平台本身的议价能力弱，购买行为变成了单纯拼资本的行为。版权交易是价高者得的模式，有钱的用户都可以购买内容，而且可以持续购买，从而演变成谁有巨量的资本谁就可以继续参与这一游戏的局面。

（2）用户追求的是内容，而不是平台本身。用户对平台的忠诚度不高，在很大程度上只会跟着内容走。哪个平台有好内容，用户就会去哪个平台。因此，一个用户有好几个平台账号却都不愿意付费成为VIP的情况比比皆是。一旦用户回到追求内容的状态，这门生意又变成了内容版权价高者得的游戏。

（3）平台之间的无差异化，导致行业竞争始终不能结束。产业不整合，企业就不能提高定价并降低用户成本，因此企业只能持续投入资金经营生意，而且用户成本、流量成本会越来越高，最后就看谁能撑得下去。

目前局面的尴尬之处在于，视频网站都不能退出内容竞争——视频内容是互联网的三大流量来源之一（另外两个是媒体和社交），它们面对一块看起来很肥的“肉”，却都挣不到钱。这个行业的竞争始终无法结束，究其商业本质，核心原因在于竞争壁垒不够高、“护城河”不够深，这是一个典型的易攻难守的市场。

规律二　成长性不但“天花板”要高，还要速度快

大多数人对公司成长性的理解局限于未来公司业务的“天花板”足够高，长期来看能发展壮大，但其中有一个隐性的关键因素，那就是公司不但要有发展壮大的可能，还必须具备一定的成长速度，因为速度是效率的体现。

很多投资者或创业者在评估产业机会时，过度关注产业的长

期成长空间，而忽略短期的成长速度。短期的成长速度决定长期成长空间的落地程度。能否抓住比较好的产业切入点，是一个创业者把握战略时机的关键，甚至是评估一个创业者水平高低的关键。

经营企业好比骑自行车，必须保持一定速度才能保持稳定性，有时骑得快比骑得慢更好，因为一旦跑起来，惯性能帮助自行车保持平衡。关于成长速度，有以下几个关键点需要注意。

第一，产业发展机会转瞬即逝，抓住窗口期需要速度。在一个产业机会从初创期到成长期再到稳定期的过程中，企业的进入机会可能只在初创期和成长期的两三年中，企业只有抓住机会趁势进入，抓紧布局，卡住位置，才能获得下一轮的竞争机会。如果做不到，那么企业可能很难抓住新一轮的机会。机会转瞬即逝，企业只有保证一定的成长速度，才能抓得住机会。复盘美团的团购、腾讯的微信、小米的手机、字节跳动的抖音，皆是如此。

这里有一个我们自己总结的说法，叫作“产业甜点”。任何一个产业在发展的过程中都有一个所谓的“产业甜点”，它并不是在产业成长周期（孵化期、成长期、加速发展期、成熟期、衰退期）的某一特定期，而是在产业周期的切换与波动中。这种机会不是越早越好，更不是越晚越好，过早进入可能成为铺垫者，过晚进入可能错失机会，企业要基于产业政策、竞争格局、技术变迁甚至资本流入的变化，选择最佳进入窗口期。在行业发展的曲折前进过程中，找到最容易从布局环境中借力的时间点，企业的发展速度、发展效率甚至资源整合的效率将得到成倍提升。

反过来，在“产业甜点”这一时间窗口，企业面临最直接的挑战是如何在进入时期分享行业的快速成长与业务启动红利。如果没有成长速度，只有成长空间，这种行业不容易做大，或者这种行业不容易出现绝对领先的龙头公司。所以，产业竞争胜负的关键，不仅是能发展壮大，在一定程度上更重要的事情是“你能发展得多快”，短期成长速度的爆发力会决定一家企业的经营拐点。

第二，资本市场对企业发展的速度起到了决定性作用。2014 年 12 月，一家俄罗斯顶级私募股权投资机构 DST 领投滴滴出行 D 轮融资，就对中国打车行业的整体竞争局面影响极大。DST 的创始人尤里·米尔纳（Yuri Milner）当时对滴滴出行说了 3 句话：一是要尽快发展壮大，与优步竞争；二是要合并快的打车；三是如果能成功合并快的打车，DST 愿意再次投资 10 亿美元。

从这一角度来看，资本就是产业竞争中的生力军，能够改变整个竞争形势。谁能够获得资本的支持，谁就在竞争中占据了阶段性优势。

企业成长不能单纯地追求安全性，还要追求速度、效率。有了速度才能保持企业新陈代谢的基本生命力。有速度的企业总是很有竞争力，随时可以进入竞争状态，企业现金流周转快，资金使用效率高。

第三，速度代表效率。速度是效率的前提，有速度才有效率，但是有速度不等于有效率。高效率是整个产业升级的底层逻辑，所有的产业升级都来自产业效率的提升。在企业成长、经营效率、整个业务流程的运转上，企业都必须有速度，如果没有速度就不可能用成本更低的运作环境替代原有的环境，就不能有效地推动产业效率提升。

企业有速度才能撕开产业的口子，否则在行业中就只能处于存量状态。传统行业如果没有速度、没有效率，就不能打破产业原有的固有利益链条，很可能发展方向正确，但就是撕不开口子，就像马云说的“有战略但是找不到突破点”。找不到突破点，撕不开口子，产业格局就不会因为变化而变化，企业的想法就只能停留在美好的构想上。以滴滴出行为例，当时它通过几轮融资快速完成了战略布局，并且抓住了线下叫车的支付场景，撕开了一个口子，获取了一批司机、一批用户、一批车辆，最终实现了交通智能化。有速度才能成长，有成长才能有突破，有突破才能引起关注，引起关注才能获得更多的资源、资金，并且这种趋势会不断加强，从而形成正向循环。

综上所述，速度快是成长战略的核心思想之一。速度是成长性的前提，没有速度就没有战斗力，没有战斗力就不会形成产业突破点，不形成产业突破点就很难发展壮大这门生意。复盘所有高市值公司的成长过程，我们发现，它们来自各种各样的行业，有着各种各样的融资结构，采用了各种各样的业务模式，其普遍特点就是“快”。

企业固然要有好的赛道，更重要的是找到从慢到快的突破点，从产业发展中寻找机会，经历产业机会拐点时，在大的产业里撕开口子。最近 3 年，整个餐饮行业风起云涌，获得了超过这个行业过去 20 年深耕结果的收益。中国的餐饮结构正在从纺锤形结构走向金字塔结构，全国大中型消费连锁餐饮公司这两年蓬勃发展，获得了资本化机会，一批餐饮企业从而非常有效率地成长起来，这种成长收获比过去 20 年的成长收获都要大，这就是产业结构拐点带来的变化。这种变化的背后是速度，速度是成长战略的核心。

案例

SHEIN：女装快时尚的数字化

说到成长速度，很多人容易想到抖音，但最近两年，对于“快”的理解，SHEIN 几乎做到了极致。SHEIN 是一家服装电商公司，成立于 2008 年，定位为跨境 B2C 快时尚电商平台，前身为婚纱电商 SheInside，2015 年创建自主品牌 SHEIN。

SHEIN 经过数次转型之后，最终定位为跨境女装电商：基于女性消费的一站式跨境购物平台，为用户提供服装、饰品、鞋履、箱包等品类的产品，并通过社群服务为用户提供导购、交友、售后服务和经验分享。

虽然主营业务是常见的女装电商业务，但相较于国内传统的女装电商，SHEIN 具有以下 3 个特点。

第一，这家公司的业务发展起步于欧洲，后发展到北美洲，再发展到中亚。至今，中国还不是它的主要市场。因此，它成为中国互联网方法论出海[①]的典型代表。

第二，这家公司并非起步于服装行业。其创始人做搜索引擎优化（Search Engine Optimization，SEO）出身，有非常强的互联网营销能力。起初，他基于互联网营销的经验尝试寻找各种不同的品类，并最终确定了跨境电商女装品类。这使得这家公司在创立之初就具备流量运营的天然优势，并在非常早的时候便开始通过境外互联网渠道，以社交营销带动公司流量增长。

第三，这家公司是中国供应链改造全球产业生态的典型代表。虽然公司总部在南京，但它的供应链是围绕整个华南地区展开的，并以境内的整条服装产业链满足全球高频次的服装上新需求。

分析 SHEIN 的经营模式细节，我们可以窥见众多中国互联网企业快速成长的共性规律。

这家公司具备极其强大的新品推出能力，从设计到生产只需要 2 周的时间。SHEIN 每天上新上千个 SKU，年开发 SKU 超 1 万个。此外，SHEIN 通过上游工厂的成本兜底实现了“少单快反定制”，在此基础上构建了自己强大的供应链体系，拥有上百家供应商以及自己的海外仓。更重要的是，SHEIN 的客单价极低，一

① 出海是指以移动互联网、人工智能、共享经济等新技术和新商业模式向海外拓展的行为，其本质是新兴技术产业的出口。

件服装的价格几乎比其他类似的服装低一半以上。而这能够使用户沉浸其中，从而延长用户停留时间。

有人把 SHEIN 类比为女装快时尚领域中的拼多多，即通过境外市场流量、物美价廉的产品以及互联网营销裂变，实现巨量的流量聚合。更重要的是，SHEIN 通过这些流量和境内强大的服装制造业供应链体系完成链接，最终完成了全球流量与快时尚产品之间的信息流匹配。

我们总结一下 SHEIN 异军突起的原因，其中最突出的应该就是快。在与投资者沟通的过程中，SHEIN 反复强调，供应链的快速反应能力是其核心战略能力，为此公司组建了一支涵盖快速设计、打版、制作、生产的 800 人团队。

值得注意的是，虽然主营业务是服装，SHEIN 用的却是互联网营销的打法，他们有几百人的广告优化团队，对产品照片拍摄提出了极为严格的要求。

这种速度、效率与“对于美的好奇”的体验，给 SHEIN 带来了极大的低成本流量与超过 30% 的用户复购率。

性价比一直是 SHEIN 反复向用户强调的核心价值。看不完的样式、性价比极高的产品、社交营销的活跃度，成为 SHEIN 撕开传统服装制造业的产业效率的口子，并由此重新定义了一个万亿元级别的产业。

SHEIN 力求将快销模式做到极致，因为没有门店，其所有的销售预测都可以通过在线用户浏览行为数据进行算法模拟完成，并实现对小单量快速反应的需求的精准预测。从这个角度看，SHEIN 的商业逻辑俨然是一套机器算法。在这套算法中，SHEIN 将上千个新款投入自己的流量池进行测试，然后通过数据验证和机器算法得出哪些样式应该加单以及加多少，从而有效规避了销售款式下单无效的风险。

财务数据更能说明 SHEIN 的成长速度之快。2015 年，SHEIN 的交易额为 7 亿元，2018 年为 100 亿元，2019 年超过 200 亿元，其 2020 年 12 月发布的公司业绩显示，2020 年公司营业收入接近 100 亿美元，按当时汇率计算，约合 653 亿元。目前，SHEIN 的业务已经遍布 200 多个国家和地区。在北美地区，SHEIN App 的下载量已经超越 Wish 和 eBay，成为仅次于亚马逊的购物 App。

此外，自 2015 年启动融资至 2020 年，SHEIN 在 5 年内完成了 5 轮融资，2020 年上半年估值超过 150 亿美元，并准备启动 IPO，投资方包括亚洲老牌风投机构集富亚洲、IDG 资本，私募巨头景林资本、红杉资本、Tiger Global、顺为资本等。

规律三　能够以新的方法论重新定义产业效率

随着生产要素的变化，很多行业都出现了第二次甚至第三次产业效率提升的空间，只要技术在进步，效率在进一步提升，传统行业就能孕育出新机会。某些生产要素的效率变化会导致整个行业的底层运行逻辑发生变化。比如，我们现在看到的餐饮行业（从高端单店到大众连锁）、金融行业（从传统金融到在线金融科技）、购物行业（从线下购物到社交电商）、教育行业（从传统教学到人工智能教育交互），从本质上讲，这些行业的变化都来自生产要素的变化与新模式重构带来的商业机会。

"模式重构"到底是什么？商业模式的本质是"利益相关者之间的交易结构"，这读起来有点拗口，实际上就是"用一个什么样的关系结构来组织供给和需求之间的关系"。要理解"商业模式"，我们就要先了解"利益相关者"和"交易结构"这两个关键词。

第一个关键词是利益相关者，包括对外与对内。对外包括企业本身、企业的合作商、供应商、代理商、分销商、消费者等，简单来说就是供应链上的角色；对内主要包括董事长、经理、职员、合伙人等，简单来说就是分别用一套怎样的模式组织供给和需求。

第二个关键词是交易结构，指的是各个利益相关者之间实现交易活动的方法或途径，主要包括组织供给的利益机制、组织需求的利益机制以及供给匹配需求时的利益机制。

"商业模式"与"盈利模式"不同。以和君集团为例，和君集团的盈利来源包括咨询（咨询服务费）、资本（投资收益及管理费）、商学（培训费）。但就商业模式而言，和君集团是"一体两翼"，即以咨询为主体，资本和商学为两翼，并有效搭建了业务漏斗模型，通过商学寻找咨询客户，通过咨询识别资本客户，以咨询和资本的实践作为案例反哺商学内容，并通过资本的盈利支持咨询和商学的发展。

用一句话概括：商业模式是保证盈利的能力，盈利模式是盈利的具体办法。

从这个角度理解，模式重构的本质就是打破原有的业务流程模式中的固有利益链条并进行重新组织，在产业中通过更有效率的方式优化组织产业中供给与需求之间的匹配，以解决此前业务流程模式无法解决的一些根本性问题，从而提升产业效率。

案例

基于 LED 显示屏行业的产业创新实践

这条规律让我想到了一家在进行产业创新实践的公司，它正在通过全新的经营方法论重构万亿元级别的会务行业。这家公司处于 LED 显示屏行业。全球 LED 显示屏行业的规模在 600 亿 ~800 亿元，最近几年，年复合增长率为 15%。中国占据全球 LED 显示屏市场的半壁江山，而且全球 LED 显示屏的供应链有 80% 在中国。

因为长期跟踪这个行业，我曾经总结了 LED 显示屏行业的两个规律：一是每当 LED 显示屏制造业成本下降 30%，行业会出现新的应用场景；二是每当点间距离缩短 30%，行业就会出现新的应用场景。中国 LED 显示屏行业过去 20 年的发展，都遵循了这两个规律。

因为显示光源点间距的缩短，LED 显示屏的应用场景不断增加，从户外的广告大屏走向户外近距离的广告屏幕，并且开始走向室内。当点间距缩小为 1 毫米（即小间距 LED 显示）的时候，观影距离可达两三米。这导致了 LED 显示屏行业应用场景和产业逻辑的巨大变化。

下面我们来思考一个关于产业变迁的底层逻辑变化问题，从制造成本决定客户买不买，到厂商能否针对不同应用场景生产专业化产品决定客户买不买，这套分析思路，可以用于思考大多数行业的产业变迁。

推演其中的商业逻辑，以前是制造成本决定客户买不买，1 平方米的 LED 显示屏为 2 万元，谁价格低，谁就有优势。现在随着 LED 显示屏的应用场景不断增加，包括控制室、会议室、系统集成、广告商、地产商、体育场馆等，甚至包括广告租赁、演唱会，每个应用场景各有特色且要求不一，厂商能不能针对不同的应用场景生产专业化的产品就变得极为重要。

面对高要求，LED 显示屏生产厂商不但要能制造产品，可以把 LED 显示屏以更低的价格销售给客户，还要有与之相匹配的服务能力，能在不同的应用场景下为客户提供专业化的服务。

比如客户要使用演唱会 LED 显示屏，厂商便可以马上告知客户演唱会所需要的 LED 显示屏组合。同理，体育赛事也需要专业的 LED 显示屏解决方案，比如英超足球联赛的 LED 广告牌几乎全是由中国企业制造的。在这样的背景下，对厂商来说，能不能在某个应用场景中实现专业化就变得非常重要。

产业进一步发展，厂商不但要告诉客户演唱会用何种 LED 显示屏更专业，还要能够提供相关服务，比如提供金融解决方案、租赁解决方案、音响解决方案、物流解决方案，甚至包括舞台的设计、策划方案等。

那么，未来是什么决定了客户买不买你的 LED 显示屏？答案一定是哪家厂商在某个应用场景中提供的服务更专业，甚至能定义某个应用场景的服务要求。所以“场景服务”是这个产业绕不开的话题。这就是这个行业未来的产业逻辑变迁趋势。

这家 LED 显示屏公司给自己提出了这样一个假设：公司为客户提供场景的终端解决方案，占领服务环节。一旦占领这一服务环节，决定了买谁的屏幕，公司就可以保证自己在这一场景中的产品销售。如果这个环节被竞争对手占领，那么公司在这个场景中的销售就无法推进。如果终端服务提供商是第三方，那么公司就需要与竞争对手比拼价格与专业性。

基于这个逻辑，这家公司首先在会务行业开始了尝试。其在酒店各种会议厅、大会议室将以前需要租赁 LED 显示屏的场景全部换成了固定安装的 LED 显示屏。与此同时，它还变更了收费模式，以前每租一次 LED 显示屏都要付费，而现在固定安装之后可按使用次数付费。这个模式带来了一个关键变量，将租赁安装变成固定安装之后，大幅降低了 LED 显示屏的移动成本、拆卸成本、运输成本、损坏成本，用户使用 LED 显示屏的实际价格也降低了，整个产业的效率得到了提高。

原来制造商将 LED 显示屏卖给租赁公司，租赁公司提供租赁服务获利，现在制造商直接把会议需要用的 LED 显示屏装在酒店，由服务商支付购买显示屏的费用，省去了租赁环节和拆装环节。怎么收费呢？服务商按照开机次数来收费，挣的是开屏使用费，同时和酒店进行利润分配。这时，一个全新的产业机会出现了。

会务行业有这样一个特点：把 LED 显示屏放在会务酒店提供服务，酒店不是买单方，它只是一个渠道，这中间是有转移支付的，最终由用 LED 显示屏的人买单，而酒店和 LED 显示屏提供商一起分配利润。这很像共享租赁模式，一块 LED 显示屏一次性安装好，大家都可以使用，一块 LED 显示屏只需要运营 16~18 个月的时间就可以收回成本了，比直接卖给租赁商的利润更高，而且不会挤占酒店的现金流。

那么，这个市场空间有多大呢？根据我国文化和旅游部公开统计信息，截至 2018 年年底，全国星级统计管理系统中四星级、五星级酒店合计 3370 家。如果只在高端酒店布局 LED 显示屏，市场空间为 3370 个点位，每一家酒店至少有 4~5 个小型会议室需要 LED 显示屏，排除部分已安装 LED 显示屏的酒店，整个中国的高端酒店大约需要 1 万块 LED 显示屏，一块大屏至少可以创造

100 万元的收入，小屏至少可以创造 10 万元的收入。这样算下来，未来几年至少会给 LED 显示屏市场带来几十亿元的增长，而且会推动 LED 显示屏行业快速走向产品化。一旦市场走向产品化，LED 显示屏的制造成本就可以进一步降低。

更重要的是，在酒店通过提供会务服务收取 LED 显示屏的使用费只是一个开始，从这个点切入，该公司可以切入一个更大的领域。因为有会务需求的终端用户通常要在开会之前测试 LED 显示屏，所以他们通过开屏服务能够降低会议成本。这样，该公司就能够满足用户的终端需求，从而天然有机会先于市场一步获知会务服务需求。而在过去几十年的会务服务过程中，这个行业大多是通过人际关系、门对门、定点服务等方式获客的。

再看中国会务行业。根据中国会议产业分析报告的统计数据，2016 年，中国的企业会议市场规模超过 6000 亿元，龙头企业的会议开支庞大。例如阿斯利康、诺华和辉瑞等公司，其每年的会务开支有几亿元的规模。有记录的 2000 万家公司平均每家公司每年在举办会议、开展活动方面的支出为 3 万元。由此，整体市场规模可达 6000 亿元。

但是，这样一个庞大的市场，为何没能诞生行业的独角兽呢？

这是因为这个行业获客极其依赖人际关系。在中国的整个万亿元级别的会务市场中，有那么一些体量还不错，但是缺少专人服务、自己不够专业又有高品质会务需求的客户，我们称之为会务服务的“腰部市场”，这个市场就转变成了会务场景 LED 显示屏租赁服务的一个天然市场。

基于这个逻辑，该公司将战略进一步延伸，以酒店铺屏作为整个中国会务服务腰部市场的线下入口，不服务于某一个会务公司，也不服务于某一个甲方客户，而是服务于中国约 10 万名会务从业人员，为他们提供订单、设备、场地、流程甚至垫资服务，并为会务经理提供所有的认证、考核、流程、培训等服务。这相当于通过酒店会务场景的铺屏设点模式占据了线下会务服务的入口，通过会务服务的入口获取低成本的会务服务信息，再反向整合服务流程。这件事做起来并不容易，但是值得尝试。

如果真的完成了这一战略布局，至少在这个会务服务的场景中，这家公司的对手早已不是其他 LED 显示屏制造公司。

其实，中国还有很多传统的大行业有着各种约定俗成的规则，但随着技术、资本、要素、经营方法论的变化，它们可能都面临以产业效率重构为前提的产业流程的重新改造。

规律四　以“组织泛化”实现组织能力的弹性供给与有效整合

随着产业效率的提高，公司发展出现了一个趋势——组织泛化。我对“组织泛化”现象的定义是：在一个产业内改变过去传统的公司刚性雇佣制度，通过新的产业关联关系对产业中的生产者进行重新连接，形成更有效的生产力供给网络的过程。

在这个“组织泛化”的网络中，这些生产者可能既是平台的用户，也是平台的服务供给者，甚至是平台的“超级粉丝”。他们以不同的圈层角色共同构建起一张服务网络，帮助平台实现更高价值和更大规模的组织能力供给。

从本质上讲，共享经济、众包模式、产业联盟等都是组织泛化的表现形式，但组织泛化本身可能又比这些模式的连接更广泛，美团的骑手、滴滴出行的顺风车司机、好省的推广员，都是组织泛化的代表。

比如 20 年前的经销商体系，当时大的服装品牌主要靠投放电视广告做宣传，同时这类公司一般没有足够大的现金流，也没有充足的人才可以布局渠道，所以它们开办招商会，通过招商会模式吸引了一大批经销商，然后通过这些经销商完成开店库存、铺货渠道下沉，再通过品牌宣传完成消费者认知建立。过去，大家是上下游关系，属于松散型的弱连接，随着移动互联网和产业数字化的发展，这种产业上下游关系将出现明显的组织泛化。

很多公司在快速成长过程中都会出现一种现象：在资本过于密集或密集投入之后，公司面临的最大难题会从“如何寻找需求”转向“如何实现有效供给”，即面对爆发性需求时，如何有效地完成市场供给能力的整合。这时，创业者最应该考虑的问题是，通过一套组织机制实现对整个行业范围内资源的调动与整合，将产业资源为自己所用（组织泛化），而不是为自己所有（刚性雇佣制）。

在高速成长过程中，为了保持成本的刚性控制并实现有效的弹性供给，所有成长性企业必须思考这一战略命题。可以说，对组织泛化问题的思考深度直接决定了一个创业者的产业视角与战略格局。

企业一旦实现组织泛化的战略性升级，将为自身带来一系列的战略变革与模式升级。下面是企业完成组织泛化后可能获得的4个优势。

第一，具备快速落地的产业资源支持。所有快速成长的企业发展到一定阶段都面临大量产业资源入局的局面，找到产业资源的“大腿”，而不是坚持自己单打独斗，这样，企业的资源能力、整合能力、产业支持能力才能快速提升。

第二，资源的消化能力显著提升。大量融资的企业往往资源能力较强，但可能会因为组织能力跟不上资源能力而“消化不良”，不能利用或用不好资源，没有办法把资源有效整合成生产力。组织泛化本质上是企业通过一个更大的网络效应以及与上下游的融合关系获得具体的经营竞争优势，从而进一步完成资源消化的过程。

第三，更强大的组织张力和人才吸引能力。通常，能够快速实现业务迭代的企业，其组织能力都极强。一家企业要想真正地完成自裂变，不仅要完成业务裂变，更重要的是完成组织裂变，这包括文化和人才的扩张，以及组织机制和业务流程的扩张。从内部来看，很多企业没有完成内部文化扩张、人才扩张和组织机制扩张，这极大地限制了企业的成长。

第四，能够持续进行组织迭代和优化。一旦完成了组织泛化，对组织的定义就不再是尾大不掉的传统雇佣制模式，而是以产业利益结构重构和产业机制顶层设计为核心的一套商业流程再造，它要求的是持续的迭代能力。如果企业的进化能力弱或迭代速度慢，其业务运营效率将受到很大的影响，其组织泛化的进展也将受到限制。

所以，企业要想完成组织泛化的顶层设计，本质上就是要从产业重构和产业效率提升的角度重新审视企业应该如何构建效率机制，关键是向着整个产业效率升级的方向不断优化，完成组织泛化的持续升级。

案例

骑手才是美团的超级用户

组织泛化最典型的案例是美团。美团平台与骑手、用户之间，其实是多维的关系。从表面上看，骑手是美团的员工，为美团提供服务。2019 年，美团的餐饮外卖骑手成本为 410 亿元，相当于美团每天需要给骑手发放 1.1 亿元工资。实际上，在这个体系中，美团用“直营 + 加盟”两大体系完成了对骑手的供给。

还有一种理解认为，骑手才是美团真正的超级用户，美团只要把这部分用户服务好，就能服务好终端用户。在服务的过程中，美团并不是无条件地为骑手提供服务产品，而是利用一套激励机制和考核体系为他们提供服务。骑手每完成一单能赚 5~10 元，其中终端用户支付 5 元，平台补贴 0~5 元，配送费减免部分由商家自行承担，而骑手受到一次投诉则会被罚款 100 元。美团通过团购、本地生活、线下信息服务等生态构建起来的流量体系，已经达到每天生成外卖 4000 万单的规模，因此它需要一个庞大的服务体系来支撑这样的订单规模。这个服务体系本身与美团之间是一个产业组织关系，而在这个产业组织中，美团外卖骑手总量已经达到 399 万人[①]。这 399 万人才是美团的超级用户，是美团最坚实的活跃流量来源，而且这些人不但为美团提供服务，还需要从美团购买装备（衣服、骑士马甲、头盔、手套、护膝）、租设备、买保温箱，以及需要接受培训、购买保险。

大多数人只看到了美团的产业布局、增长速度和市值成长，很少有人看到美团真正的厉害之处——它在组织上的思考。美团在组织模式上做了大量创新，通过产业逻辑的组织泛化把行业中的骑手组织起来。这些骑手不是美团的资产，不为它所有，但为它所用。美团的底层商业逻辑是能够帮助骑手更快地完成内部的利益考核，通过让骑手挣到更多的钱激励他们服务更多的终端用

① 美团最新发布的《2019 年度企业社会责任报告》数据显示，2019 年通过美团获得收入的骑手总数达到 399 万人，同比增长了 23.3%，有效带动了社会就业。——编者注

户，并在这个过程中完成生态创新。

因为这些骑手的劳动力供给呈碎片化、分散化的特点，并且美团需要这些骑手的每一个服务行为足够标准，所以美团服务好骑手这个群体是它服务好终端用户的前提。美团也为骑手构建了一系列的生态，包括订单考核机制、服务装备、配送路线优化，让他们获得收入。其实，美团是服务了近400万名专业化的配送服务人员。在这个体系里，美团的骑手就是美团的用户，美团的这些用户又变成了美团的推销员，而美团的推销员又变成了美团的员工。因此，美团的用户、渠道、经销商、最终的超级种子用户、员工和超级销售人员之间的身份界定越来越模糊，甚至很多时候可以随时切换。在新环境下，人才、组织对正在经历或已经完成新的裂变式创新和颠覆式创新的大平台机构显得越来越重要。

一旦这些骑手被组织起来，一个更加深远的变化就会出现——美团将成为未来中国最大的提供同城配送服务的快递公司，它不但可以配送食品类外卖，还可以配送生鲜、药品、文件，以及帮忙跑腿，即完成城市内所有线下需要由人完成的物流服务。可以说，同城配送几乎都是美团的市场。人们可能很难想象，做团购出身的美团有一天会变成一家快递公司。

这就是组织泛化产生的裂变性影响。一个组织不再以某家公司为边界，而是以整个产业链为边界；不再以公司的净利率为核心边界，而是以整个产业效率的升级为核心边界。

规律五　强势的资本操盘人才与极强的操盘能力

相较于寻找机会，更难的是把握机会。把握机会要求整个管理团队具备非常成熟的驾驭机会的能力、极强的思维能力，以及对产业和生意操盘的手感和经验。我把这一类人称为“新一代企业经营者”。他们可能是企业家、创业者、合伙人、高管，他们直接面对市场竞争压力，承担企业责任。相较于上一代创业者和高管，他们具备更系统的企业操盘能力、更专业化的经营认识、更立体的产业理解、更系统的资本运作体系、更强大的资源整合能力。他们深谙产业逻辑，了解组织规律，熟悉资本市场，具备战略思维。在当前经济环境下，创业难度较以往更大，但对于这类企业经营者来说，他们的时代即将来临。纵观所有高市值的公司，它们的管理团队各具特色，但共同之处是它们的管理团队都具备极强的思考能力与战略落地能力。

案例

滴滴出行背后的“造雨人”

从滴滴出行（以下简称“滴滴”）的资本成长案例中，我们能看出资本合伙人对企业发展的重要性。滴滴创立于 2012 年，创始人是程维。程维在创业时自己出资 10 万元，做了一个小模型，然后找到阿里系投资人王刚融资。王刚分两次一共投资 70 万元。此后，滴滴打车 App 上线。

到了 2013 年，滴滴开始推动 A 轮融资，最初的融资进行得很不理想，后来，金沙江创投主动向滴滴投资 300 万美元。自此，滴滴开始在在线打车行业全速前进。2013—2015 年，滴滴完成了 4 轮融资，腾讯、中信产业基金纷纷入局，成为滴滴的投资人。

互联网公司的估值概念与传统行业有所不同。对于还没有迈过独立盈利门槛的互联网公司来说，每一轮融资对它来说都是生死之战。互联网公司维持估值水平的关键因素有两个：一是成熟的未来成长战略和良好的经营数据；二是充沛的现金流。如果一直不盈利，公司又不具备充沛的现金流，那么，它的融资压力就会非常大。此时，滴滴的每一轮融资都只有一个战略目标——与快的打车抢用户。

2014 年 12 月，滴滴完成 D 轮共 7 亿美元的融资，创下全球一级市场的融资纪录。半年后，滴滴与快的宣布完成合并，同时滴滴再融资 30 亿美元，并且开始全面对标优步展开竞争。当时，优步向滴滴提了一个非常极端的免战条件：优步可以放弃中国市场，条件是获得滴滴 40% 的股权。滴滴拒绝了该条件，然后与对方展开了激烈的竞争。最终在 2016 年 8 月，优步将中国业务、品牌、数据等卖给了滴滴，通过与滴滴换股成为滴滴的股东，并退出了中国市场。完成交叉持股后，滴滴完成了对中国专车市场的整合，占据了 93% 的市场份额，当时滴滴的估值达到 350 亿美元。

2016 年 6 月，滴滴宣布完成了新一轮 45 亿美元的股权融资，投资机构包括苹果公司、阿里巴巴、招商银行、软银集团等。同时，滴滴向中国人寿发售了超过 3 亿美元的长期债券，完成了 100 亿美元的滴滴供应链资产证券化，对应收账款和司机的消费金融进行了证券化。2020 年 7 月，滴滴的估值已经达到 800 亿美元，累计融资规模超过 200 亿美元。

滴滴到底是如何从一个融资举步维艰的创业公司，逐步扭转局面，持续推动资本运作并且拿到巨量资金的呢？

这与滴滴背后的一个管理者有关，那就是滴滴的联席 CEO 柳青。柳青本科毕业于北京大学计算机系，哈佛大学硕士，毕业之后任职高盛，一开始从事投资银行业务。她在做了 3 年投资银行业务后，去了高盛的股权投资部门做买方业务，5 年之后，她成为高盛历史上最年轻的董事总经理。

2014 年下半年，高盛接触滴滴，谈了两轮后投资依旧没有落地。结果，柳青结束了自己 12 年的高盛生涯，加入滴滴。加入滴滴之后，她主要负责 3 个板块，一是公共关系（Public Relation，PR），二是政府关系（Government Ralation，GR），三是投资者关系（Investor Relation，IR），以及专车板块。

据说，柳青进入滴滴之后，在一周之内约见了当时全球所有对出行领域投资感兴趣的投资机构负责人；在不到 1 个月的时间里，创纪录地完成了滴滴 7 亿美元的融资；6 个月后，柳青成为滴滴的联席 CEO，推动了滴滴和快的打车的合并，完成了与优步（中国）的交叉持股，引入了苹果公司作为滴滴的战略投资者。

在柳青加入滴滴之前，滴滴的累计融资额是 1 亿美元，而在柳青加入滴滴之后，滴滴的累计融资额超过 200 亿美元。可以说，柳青加入滴滴之后促成的融资额超过整个公司融资额的 99%。滴滴从此由一个创业公司彻底蜕变为国际化的高科技互联网巨头。

可以说，滴滴的成长过程是中国互联网公司成长的一个样板。创业团队不仅要有韧性，有决心，接地气，懂商业，能落地强执行中国商业的原生态打法，而且需要深度结合国际视野、产业资源、资本能力高举高打。

规律六　思维与格局：企业家“底层经营假设系统”

在长期的企业实践观察中，我们经常遇到这样一种现象：有的创业者拿了一手好牌，处在一个非常广阔的产业空间里，同时有源源不断的资本支持他，但可能因为创业者的心智或底层假设系统出现问题，最后并没有什么大的作为。

我们认为，在当前中国的产业宏观背景下，创业者的心智水平和以创业者的心智水平为基础的产业经营的底层假设，构成了一家企业长期成长的根本动力。这种假设很难用战略和管理学的理论逻辑进行解释。我们称这套假设为“底层假设系统”。当一家企业的创业者的底层假设系统出现问题时，该企业的短期基本面再好，从长期来看也很难发展壮大。但如果企业家的底层假设系统足够完备或者具有足够高的利益站位，该企业就很可能随着时间的推移慢慢腾空而起。

1. 企业家经营理念的 9 个关键思维

创业环境在变，创业要求也在变，新的市场环境对企业家与创业者的思维能力要求也在变。新一代企业家的经营理念有 9 个关键思维。

（1）市值规模最大化。大部分创业活动最缺的是资源，那么资源怎么来？答案是通过资金换来。资金怎么来？答案是通过融资。融资怎么来？答案是通过市值。长期来看，反映企业价值的最佳指标并不是企业的利润最大化，因为利润最大化有很多可调节指标，甚至包括很多短期趋利行为，所以反映企业长期价值的最佳指标应该是市值最大化。

创业者应该建立一套系统的认识市值的方法论。在企业没有上市时，估值决定了股权激励政策、融资渠道，决定了未来能够获得的投资规模；企业上市之后，市值则决定了企业价值的流动性和交易能力。

因此，市值规模最大化应该是衡量企业价值的基本前提，它与两件事相关：一是企业必须具备市值估值的能力；二是企业有了市值之后，要使市值规模长期最大化而不是短期急功近利或追求短期利益最大化。

（2）专业分工。我们一定要深刻理解“专业的人以专业的能力做专业的事情”这句话。一个人的能力是有边界的，尤其作为企业领导者，创业者通常是通才而非专才，所以他必须组织一批专业人才围绕在自己周围，用专业能力武装企业。在招徕人才方面，创业者可以使用一个技巧，多关注那些有能力、在大平台工作过但是还没挣到足够多的钱的人才，给他们提供新的资本化和挣钱的机会。

（3）顶层设计。“凡事预则立，不预则废。”“预则立”在这里指的是要做好顶层设计，包括复盘和预判机制。预判机制的顶层思维基本是定性的，包括对外合作、产业布局、商业模式、股权设计。只有了解自己的核心利益，才能够从大局出发看待问题。

（4）增长模型。我们在评估增长模型时，重点在于分辨其是项目型还是现金流型（具体可参照市值成长模型）。

（5）资源整合。经营企业，做小不如做大。企业发展壮大后才有较强的抗风险能力、资源整合能力、价值流动性、资本化能力和高市值，所以企业要争取与比自己实力更强的企业合作，抓住当下的机会尽可能地扩大规模，让自己的发展再上一个台阶。企业最好不要拒绝资源吸纳。A 股上市公司中没有再融资的大公司只有茅台和恒瑞，这是概率极小的事件。大多数企业都需要不断地寻找资金、铺垫现金流、整合资源。整合资源是企业除现金流回收型成长之外的最重要的成长途径之一，所以企业一定要具备资源整合思维，要想尽办法获取、重组、整合资源。

（6）风口。风口对创业来说特别重要，如果创业者长期偏离主赛道的风口，那么很难接触新机会。在风口行业，人才涌入，资本流入，需求高涨，技术升级，各种资源都在不断地流入；而在远离风口的行业，经营效率较低，节奏很慢，成长也很慢。

寻找未来的机会与“打埋伏”这件事情并不矛盾，风口周期决定创业成功的 50%，剩下的 50% 是经营得好不好。“风口”的本质是，在某一个时间点上，某一类资产或某一个行业突然进入资源大幅流入的状态。所以，创业者既不能天天找风口，也不能待在一个永远没有“风”的地方，而是要对未来做出预先判断并利用好风口的优势。

（7）成长周期。在不同的阶段要做不同的事情。与产业周期一样，企业周期也可以分为 4 个阶段：初创期、快速成长期、成熟期和衰退期。在这 4 个阶段里，企业最重要的是在正确的阶段做正确的事情。在企业初创期，管理其实是不太重要的，这时营造好的氛围就是好的管理方法。到了企业成熟期，管理就非常重要了。在成长期，企业可能会更重视成长速度。企业在不同阶段能否抓住主要经营矛盾，直接决定了这家企业在行业中的位置。对大部分企业而言，抓错管理矛盾，其实是在错误的方向上做出了错误的判断并投入了错误的精力。

（8）深度思考能力。深度思考能力体现在两个方面。一是创业者能否清晰思考 10 年之后行业的变化，并以此倒推行业机会在不同发展阶段的细节表现。这种具备长周期下的战略深度思考能力的创业者并不常见，但能想清楚企业未来 10 年的走向并坚定执行的创业者，更不容易走偏，否则很容易出现抓住周期性的机会赚了点小钱，风口过了创业者就无法发展的情况。二是看细节落地上的思考能力。创业者对细节执行的深度理解与把握，决定了他思考的细致程度，对细节思考得不够细致，容易导致执行时出现问题。真正厉害的创业者，能在对未来10年的展望上思考到第七级、第八级，也能将执行细节拆分到第七级、第八级。深度思考能力，是淘汰99%的创业者的标尺，最后通过的1%的创业者，是真正具备大格局的创业者。

（9）诚实、实事求是。一些创业者会因为思维误区、缺陷或漏洞，忽略某些事实，不基于事实讨论问题，以一些表面的事情或一些不严谨的结论进行推导。对创业者来说，实事求是是一个最基本的原则，客观地搞清楚事情的来龙去脉和根本原因并找出解决方案，是创业者的基本素养。创业者一定要诚实地面对自己的内心，面对客户，面对合作伙伴，面对投资者。

2. 企业家精神与格局

在投资圈有一种说法，评价一家企业是否品质优秀的标准有以下两个关键点：一是这家企业有什么不被世界改变；二是这家企业有什么能改变世界。能改变世界或能不被世界改变的资产，被称为核心资产。

在我看来，真正的核心资产，并不是看得见、摸得着的设备、资产或现金，这些都是企业经营的“果”——企业核心经营所产生的经营成果。真正决定这些结果的是企业内在的根系，即企业家精神。

对于初创企业的投资，对人的判断往往比对业务的判断重要得多。对于成熟期企业的投资，虽然要进行深入的分析，有科学的依据，但对企业家本身的判断仍是投资决策的最大影响因素。因此，投资界才流行这样一种说法："投资是人生的最后一份职业。"投资者只有积累了足够的行业经验、社会阅历，才能够真正把握投资本质。

投资是一门艺术—— 一门关于右脑的艺术。人的右脑是主管情感的区域，包含着一个人最本能的心智模式，它决定了企业家的专注、执着、胆量及梦想。成熟的投资者往往倾向于投资那些专注于产业、"把自己炼进剑里"的企业家。

我曾经碰到一位投资人，他投资了一个项目，理由很简单——他特别看重这家企业创业者个人的未来。"一个如此努力工作、价值观正派、处在朝阳行业、集资源与机会于一身的企业家，没有理由不成功。"这位投资人还说："看着他为这个行业付出如此之多，真的忍不住想帮他一把，想为他的梦想做点什么。"

到底什么是企业家精神呢？在2021年小米新品发布会上，面对估值已经超越千亿美元的小米，雷军选择再次出发，他说："我愿意押上人生积累的所有战绩与声誉，为小米汽车而战。"企业家就是那个能够不断带领组织前行的人，也许事业的高度与产业理想会是他们唯一的心灵追求。马斯克也说，真正的创业者，不需要安慰。

企业家精神，是为了实现理想与目标，不畏困难，敢于突破限制、孜孜不倦实践的精神。

有一些创业者在走向企业家的道路上遭遇“甜蜜的坎坷”。他们在企业小有成就、利润可观时，变成了生意人，满足于小富即安，不再持续创新，不再投入研发，不再乘风破浪，他们从此放弃了奋斗，放弃了继续成长，放弃了自我进化，慢慢归于平庸。

只有极少数的创业者，能够不断地在企业生存条件最优越的时候让自己继续蜕变，继续进化，继续成长。

到底是什么让他们放弃安逸的生活、家人的陪伴及个人的休息时间，如饥似渴地扑向事业成长的道路呢？这是一个看似极不理性的选择。

我曾经问一个百亿元级别上市公司董事长一个问题：“为何要把自己搞得这么累？”对方答：“一开始是为了赚点钱，养家糊口；后来是为了争口气，因为企业成立初期，遇到各种产业上的不合理打压，希望证明自己；到了现在，则是为了‘有意思与自豪’。”

正是这种自己内心的自豪，这种源自内心深处的事业认同，带来了企业家源源不断的自我成长。

这么想来，**真正能够提升“市值”的，其实是企业家的进化能力，是企业内在的企业家精神与格局**。

企业家对企业经营的理解是综合性的，涉及对事的理解（业务）、对人的理解（管理）、对钱的理解（格局）、对运气的理解、对做事方法的理解、对处世哲学的理解。这种认知不断升级的过程，就是企业家不断自我进化的过程。

那位董事长还有一句话让我印象深刻："我打高尔夫球的时候，脑子里想的都是企业战略走向和公司如何创新。你说我这是在工作还是在娱乐？"

有一类企业家，他们的核心能力并不局限于某一种特定的技能，他们可能无时无刻不在进化，而且特别享受进化中的乐趣。这种乐趣成了他们征服事业的正向激励，带领他们进入正向持续循环的过程中。

回归企业市值增长，当企业的能力成长开始出现停滞，哪怕短期可能带来市值增长，到了某一个时点之后，市值依旧会均值回归。但是，如果企业的能力能够不断进化，比如成功开展某个新的高成长业务，或者企业从纯产品驱动型走向产品驱动与资本整合并能够有效整合并购资产，或者企业的核心竞争力变得更加突出且明显开始抢夺市场份额，这本质上都是因为企业内核能力完成了进化，慢慢开始可以做以前做不了、不会做的事情。

这背后，与其说是生意品质提高了，不如说是因为企业家的能力完成了进化，实现了延伸，从而带来了生意品质的提高。

企业家的精神与格局进化还应明确以下 3 点。

第一，进步不等于进化，应避免单纯的进化过程享受。将同样的事情做得更快速、更熟练，这是一种进步而不是进化。进化是指不同能力的延伸、增加、组合，其关键不在于把擅长的事情做得更顺，而在于不断地补短板，完成必须要做但不太擅长的事情。

应避免单纯的进化过程享受。讨论指数级增长令人感到压力时，不妨以结果反向思考原因，依靠进化本身的正向激励形成正向持续循环乃至指数级增长。

第二，进化的路径灵活、多元而非单一。这与企业家是否热衷于娱乐、执着于阅读或身处职场不再直接相关，而在更多的时候体现为自驱力、学习方式等的差异。有一些企业家擅长通过与他人沟通或者依靠多媒体学习领悟战略规划和管理经验。

第三，进化能力是“生产核心能力”。短期内，进化能力可能表现为学习力、行动力等，但进化不只是学习力、行动力，而是一种不易观察和识别的能力，是构建新能力、培育新能力的能力，本质是通过学习、思考、行动实现循环，让自己重复进入一个正向提升的过程。仅靠努力和学习并不一定能够进化，进化还取决于悟性、学习方法、实践过程、思考过程。

第三篇

国内资本市场的问题与展望

我们在前文中讨论了诸多资本化与成长性的逻辑关系，但是在真正推动企业资本化落地的过程中，国内的资本市场将在多个具体情景中影响理论逻辑的落地。从当前国内资本市场的发展中，我们既能看到机会与未来，也能看到问题、不足与掣肘。回到现实环境中，我们需要客观地探讨一个问题：当前国内资本市场的发展状况到底如何，问题是什么，机会在哪儿？

第 9 章　当前国内资本市场发展的两大问题

毫无疑问，在过去 10 年中，国内资本市场是全球发展速度最快、活跃度最高、潜力最大的市场，与此同时，因为发展速度太快、发展时间较短，参与其中的各个群体都出现了不同程度的不适应。这种不适应导致了各种问题被放大，这些问题又相互作用，使得问题更加复杂化、综合化。我们尝试从资本市场的脉络逻辑中抽丝剥茧，具体问题具体分析，探求企业资本在具体成长实践中出现的问题及其根本原因。

我们认为，国内资本市场发展到当前阶段，主要有以下两个方面的问题。

问题一　资本对企业的发展起到反作用

最近几年，一级市场融资环境相对偏冷，企业对资本运作的态度也在发生明显变化。究其原因，这种态度变化源于以下 5 个方面。

（1）有些企业为了资本运作而资本运作，导致其战略经营动作走形，甚至不惜剑走偏锋。很多企业家为了获得资本支持，追求短期经营数据变得更加好看，甚至为了润色业绩急功近利。更有甚者，不惜人为优化某些核心数据，以期获得资本市场的溢价，这种行为甚至变成了企业资本经营的一种风潮和技巧，企业对资本运作的态度也随之发生变化。

有些企业本来生意做得不错，为了获得资本支持，完全以资本偏好为导向开展业务，最后为了融资而把业务搞得一团糟。资本市场要的是想象力与下一轮的估值溢价，而企业经营本质上追求的是业务的持续成长，正如前文所述，两者的思维方式与着眼点并不相同。

更严重的是，有些企业因为有融资压力而不惜采取财务造假的手段。我相信没有企业会为了造假而登陆资本市场，但后来因为种种原因与初衷背道而驰。很多企业在成长过程中，因为面临两难选择，想要两害相较取其轻，从而产生侥幸心理，比如当在某一个环节没有办法如期满足对赌条件时，选择以财务造假的方式来蒙混过关。其本质是资本市场的不成熟（投资者与创业者两者都不成熟），导致了这种投机心理与最终结果的出现。

（2）资本运作不慎带来的副作用开始集中显现。2008 年之后的 Pre–IPO 热潮、2012 年前后的早期投资热潮、2013 年前后的并购热潮与 2015 年前后的新三板热潮之后，资本运作带来的副作用开始集中显现。

因为盲目的资本运作，不少企业陷入“资本结构恶性循环”：企业融资之后，新开展的业务出现亏损，或者是一些新投资业务的资产收益率很低，使得无效资产增加，这些可能都会导致企业融资之后战略布局出现失误，后续融资无法进行。因为一般不到万不得已，投资机构是不愿意让下一轮融资价格低于上一轮融资价格的。但是谁也无法保证每一家企业都能够在融资之后顺利发展。在这种情况下，新的资金可能无法进入，老的资产收益率又因为战略失误而降低。一旦陷入这一恶性循环，企业只能“死扛”，用时间换取生存空间。

同时，交易条款中可能存在各种对赌保护条款，比如回购、对赌、上市约定等，不少企业因盲目自信吃了亏。毕竟投资机构一年有几十个投资项目需要面对这些问题，而大多数企业可能几年也做不了几次融资，因此企业缺乏对交易条款的专业判断力。

面对此种情况，有不少企业出现了“资本抗拒”的想法，即对融资持消极的态度，甚至开始出现“坚决不融资，资本市场都不靠谱，投资人都是来占企业便宜”的想法。由此，企业对资本的负面情绪逐步扩散，继而影响经营得比较好又不太缺资金的企业，它们对融资变得非常谨慎。

（3）注册制的实施促进了资本市场结构的进一步分化，中小企业的融资难度逐步加大。科创板与注册制对中国资本市场产生了重大影响。一方面，它们会带来各种过去不曾有过的好处；另一方面，科创板的出现加速了新科技企业的崛起，也让一些行业加速进入“传统产业”，对于投资机构来说，它们宁愿出高价投资 Pre– 科创板项目，因为后者更赚钱。资本永远追求新鲜，追求成长，追求未来，追求想象力，这让资本市场进一步倒逼传统产业走向创新升级。

如同我们在前面说过的产业之间的资金争夺一样，大量资金被一些已涌入巨量资金的产业进一步吸引。这里举一个有些片面却很有说服力的例子：在江浙地区，很多工厂已经招不到工人了，很多年轻人宁愿去送外卖，也不想在工厂里打工。其背后的原因是送外卖的工资更高，而且自由灵活。这些工人的雇用费用和成本，本质上是资本市场带来的转移支付，最终变相地增加了传统的手工制造业、轻工业的加工成本。最终，江浙地区工厂的工人并不是去了对门的竞争工厂，而是去送外卖了，并且这种资源的抢夺是不以个人主观意志为转移的。

很多成长性企业开始陷入无法融资的窘境。过去企业融资的典型模式是，如果企业的成长性还不错，找几家财务顾问（financial advisor，FA），连续拜访投资人，基本上在 3 个月内就能拿到几份投资意向协议甚至启动尽职调查。但是现在，企业找了一堆FA，依旧无人投资。其根本原因在于，不仅以前信息不对称的问题基本消失，资金偏好也发生了变化。企业要融资，前提是符合资金偏好，而这又回到企业战略层面的问题——如何突破成长性的瓶颈？这到底是不是一门好生意？生意能成长到什么程度？生意的核心竞争力是什么？如果不调整基本面，企业就很难实现突破。

（4）国内资本市场的风险评价体系尚待完善。国内资本市场虽然发展得很快，但没有相应发育出真正体系化、专业化的风险控制标准，这导致很多中国的风险投资机构或银行，最终是以风险转嫁为条件来实现投资交易的落地的。一个典型的现象是，当有的民营小微企业需要融资时，可能需要签署一些投资补充保障条款。这使得创业者承担的企业经营连带风险责任被进一步放大，当前创业的压力也变相地增大了。而背后的原因，其实还是资本市场没有通过有效的风险评价体系完成对投资风险的消化，最终导致一个或一些投资风险被转嫁到了企业与创业者身上。

对于整个中国经济的发展来讲，有能力、有担当、有创新意识、有体系化经营能力的企业经营人才变得越来越重要。如果具备这些能力的人要承担过大的风险，这个产业就会对优质企业家资源产生溢出效应，没有人愿意做这种既费力不讨好、风险又很大的事情。

（5）不少创业者对资本运作不敬畏、不专业。从整体来看，当前国内一些创业者和企业家的专业化管理水平仍然有很大的提升空间，经常出现本身不具备资本运作能力却又低估资本运营风险的情况。比如，一些民营企业的副总是因为资历和受信任当上了副总，而不是因为专业能力。

20世纪20—60年代，美国多个产业完成了产业整合，其中最重要的背景之一是当时美国出现了一批专业的职业经理人。而中国目前的情况是，高级企业经营人才专业性的升级问题非常急迫，如果不能培养一批职业化、高素质、有能力的高级企业经营人才，中国产业竞争升级的落地就将缺乏重要支撑。中国企业发展最重要的战略命题不仅包括实现科技升级，还包括管理创新和技术创新。

企业家能利用经验实现有效管理，能通过团队实现业务增长，但是在“资本运作”这件事情上，他们的学习过程并不容易，而内部又难培养出对资本经营体系有系统理解的人才。这就导致一些企业家对资本市场存在幻想、偏见，存在不客观、不实际、不接地气的想法，甚至自以为是。这是整个企业资本运作风险的一个重要来源。

问题二　投资机构的盈利模式过于单薄

最近两年，越来越多的VC/PE、政府引导基金、阳光私募、定向增发的PIPE（Private Investment in Public Equity，私人股权投资已上市公司股份，私募基金）出现盈利能力减弱的情况，投资行业中的传统投资模式正在发生趋势性的失效现象。

我们发现了以下几个现象。

第一，很多投资机构都没有资金了。2018年，整个一级市场募集的资金量同比下降超过30%，甚至很多中小投资机构开始出现全员募资的情况。资金是投资机构的“弹药”，很多投资机构没有投资资金，募集资金的难度普遍加大。

第二，大量的已投资项目无法退出。其中不乏一些大牌的明星级投资机构，它们投资了四五百个项目，但是可能只有3~5个项目能成功完成IPO退出。普遍性的IPO退出率低，导致很多投资机构的资金被积压，甚至有些项目一压就是10年。

第三，有些已经上市的项目，其收益率比想象的低得多。有很多明星项目，经过几轮融资，最终成功上市。这时，投资者才发现，股票套现退出后，扣除税费、基金管理费等成本，自己的综合年化收益率比想象的低得多。

第四，投出了明星项目的明星投资机构，其背后有大量的失败案例。投出明星项目是小概率事件，甚至有些明星项目的投资成本很高，名气很大但盈利很少。

第五，一旦出现某种盈利模式，容易出现“一窝蜂”现象。2014年，国内最赚钱的投资模式是参与上市公司的定向增发与大宗持股，以及共同参与上市公司的并购基金。这种模式在最初非常受市场欢迎，最早参与的一批投资机构赚得盆满钵满，有部分投资产品的年化收益率甚至超过1000%，市场上出现了大量的投资机构开始复制此模式。2015 年，大量投资机构参与上市公司投资，但随后股价下跌，后期参与的投资机构普遍亏损，最惨烈的甚至亏损超过 80%，之前盈利的投资机构后期也不能盈利了。

接下来，我们给投资机构算笔账。

投资基金的盈利来源主要是前端管理费和后端收益分成，其中前端管理费约为每年管理金额的 2%，后端收益分成是基金管理收益部分的 20%。

基金 A，管理规模为 3 亿元，则年管理费为 600 万元，其中有约 50% 是要分给募集资金的渠道合作方的，因此真正属于投资机构的管理费约为 300 万元，用以覆盖该机构每年的房租、差旅、税费、基础费用、后台工资、投资经理的工资和奖金。单以房租计算，在北上广深条件稍微好一点的写字楼，500 平方米的办公面积一年的租金约为 100 万元，减去税费，剩下约 150 万元的运营资金，而这只够支付 3~4 个投资经理的基本费用。

3~4 个投资经理，以单人深度项目搜寻量约为 50 个计，假设有 4 个人一年共可搜寻 200 个潜在投资项目，参照一般的好项目概率 2%~3%，一年可投资的只有 4~6 个项目。3 亿元的基金，通常需要配置大约 10 个项目，平均每个项目投资 3000 万元。

假设 2 年投了 10 个项目，每个项目投资 3000 万元，3~4 年后，2 个项目成功 IPO，2 个被并购，3 个回购，3 个失败，又假设 IPO 项目赚 3 倍，并购项目赚 1 倍，回购项目保本，失败项目无法退出，计提损失。则该机构 3~4 年的理论总体收益率不到 50%，扣除基金管理人 20% 的业绩提成以及出资人的个人所得税等，投资机构的收益率几乎可以忽略不计。

然而，这一假设的成绩已经是投资机构里的中上水平。

深度思考“投资机构为什么难盈利”这个问题，我们会发现这背后是投资产业发生了深层次的产业变革，产生这种变革的原因主要有以下 6 个。

原因一：资金供给过剩导致投资机构竞争过于激烈。投资是一个门槛非常低的行业，低到几千万元就可以成立一期基金。小基金的成立门槛太低，导致投资机构在好项目的竞争上过于激烈，从而好项目的投资价格上涨得很快。但凡好一点的赛道、好一点的项目，投资价格都很高。买入成本高，利润空间自然就小了，说不定还会亏损。

原因二：因为供给过剩，传统的投资盈利模式失效。优质项目价格上涨，投资机构的盈利就非常依赖于项目上市后的价格上升空间，但目前 A 股市场的流动性变化等因素加速了国内投资盈利模式的失效。国内基金过去典型的盈利模式之一就是，拿到符合上市要求的企业的股权，在企业通过中国证券监督管理委员会（以下简称“证监会”）审核后，到股票市场上获得大幅度上涨的股权价格。2009 年前后，九鼎投资的一系列 Pre–IPO 的案例便是其中的代表。

如今，整个中国的私募资产管理规模为 13 万亿元，其中一级市场为 9 万亿元。未来这些一级市场的资金需要在二级市场变现，然而二级市场并没有足够的流动性支持这么庞大的资产变现。而且，现在中国一级市场的投资项目数量已超过 1 万家，但是每年 A 股市场的上市数量只有两三百家，加上在中国香港证券交易所和在美国股市上市的也不过四五百家，大量的项目都在寻求 IPO 退出，但真正的 IPO 退出率可能还不到 10%。这导致这种投资盈利模式普遍失效。

原因三：国内的一些投资机构缺乏一定的核心能力。截至目前，国内的一些投资机构是以抢夺项目资源为第一核心能力，核心模式是“投得进去”和“过得了证监会”。这种模式强调投资机构快进快出，投资之后多以搭“上市”顺风车为主，不会过多介入经营。这种核心模式虽然简单粗暴，但是中国 PE 行业在初始阶段效率最优的模式。在上一个阶段成功的投资机构，往往规模很大、资源很丰富，但是抗周期能力以及介入经营层面的能力比较差。再加上国内一些企业多采用典型的以“创始人驱动型”为主导力量的经营模式，在真正的经营理解上，投资机构大多无法真正给予企业足够的支持。一些投资机构近 10 年都是以此为主线，因此其投资基金都没有发展到精细化管理、精细化选择项目以及重视投后服务的阶段。

原因四：投资机构已经开始出现明显的头部效应。截至 2018 年年底，在登记在册的基金管理机构中，管理规模 100 亿元以上的机构有 235 家，而管理规模 10 亿元以下的总计超过

7600家。由此可见，投资机构的头部聚集和规模效应已经非常明显，不足3%的头部机构拿到了市场上超过30%的资金，行业排名前30名的机构依然非常强势，而30名开外的投资机构都或多或少地遇到了困难。

2018年，高瓴资本第四期募集资金达到106亿美元，创造了整个亚洲募集资金规模之最的纪录。这种基金规模使它的投资项目的资金成本以及时间周期的选择范围比中小型基金要大得多。

观察整个投资行业过去10年的发展状况，我们可以发现，头部效应导致的行业差距正在逐渐拉大，越是头部的机构，其综合收益率越高，越是腰部以下的机构，其收益率的波动性和不确定性越大，亏损风险也越大。

原因五：资金周期较短，资本急功近利。现在人民币基金的基金封闭周期大多是2~5年，在投资行业中，这一时间周期其实是比较短的。短周期的投资策略非常强调短期的利益兑现机制，但其本身又带有较强的不确定性。

原因六：经济转型节奏加快，导致投资模式失效。一方面，现在国内经济进入低速增长的转轨阶段，投资机构在前几年投资的项目这两年普遍增长乏力。当年的高增长项目的操作模式在现在看来大多已失效。另一方面，包括资管新规对投资机构募集资金要求的变化，IPO上市时间周期变化，以及税费税收等细节政策变化在内的金融环境政策的变化，也直接影响了投资机构最终的收益率。

综上所述，现在投资机构难盈利的 6 个根本原因主要包括：供给过剩、套利模式失效、无核心能力、头部效应、资金周期较短、宏观经济环境变动与政策变化。这些情况导致整个国内一级投资市场出现普遍性、趋势性的盈利能力的减弱。而且这种难盈利的情况会持续很长时间，这不只是一个周期性的影响，它说明了国内整个 PE 行业的暴利期已经结束。

从本质上讲，投资行业的变化是因为国内投资业务的门槛不高，过去更多的是制度因素带来的短期繁荣，由这种机制延伸出来的国内资产管理行业，存在盈利重度依赖政策窗口、稳定性差、退出通道不稳定等问题。

第 10 章　大浪当前，当前国内资本市场的分化与统一

2004 年，和君集团董事长王明夫先生在其专著《蓝筹》中对 A 股市场的特性做了精准的描述。当前，A 股市场由于发行机制、投资者结构、产业整合阶段等多重因素的叠加，已经逐步走向规范化，A 股市场上市公司的估值体系呈现不可逆的大分化趋势。这决定了 A 股市场生态系统中所有参与者（上市公司、机构投资者、投资银行、散户、外资、监管）的生存境遇，标志着国内资本市场改革浪潮的来临。

中国资本市场已进入大分化时代

从 2015 年牛市结束至今，上证综合指数总体在 3000 点附近上下 400 点内震荡。市场看似波动不大，市场结构却已完全不同。中国 A 股市场上的不同市值规模公司的数量分布已经从纺锤形结构，变成了纯粹的金字塔结构，市值居中（2 亿 ~300 亿元市值级别）的公司中的一小部分向上跃迁为高市值头部公司，但大量的公司市值下跌，被投资者“抛弃和遗忘”，形成越来越庞大的“金字塔底座”。

根据 Wind 的统计数据，在 2016—2019 年新增 IPO 的 934 家上市公司中，有 540 家公司的市值低于 50 亿元，占比为 57.82%。然而，数量庞大的“金字塔底座”并没有带来市值总量的增加，相反，资金快速向头部集中，头部公司的市值占比越来越大，市值分布形成了更加显性的“T”字形结构。2016 年 5 月，1000 亿元市值以上的上市公司占据了 A 股市场 32% 的市值；到了 2019 年 12 月，占据了 A 股市场将近一半的市值。30 亿元市值以下的上市公司，数量虽然最多，但市值占比仅有 3%。

当前 A 股市场的这种分化是否已经过于极端？在这里，我们对比 A 股市场和港股市场的交易情况。A 股整体交易相对分散，公司市值为 1000 亿元以上的股票的年成交额占比仅为 16%，公司市值为 50 亿元以下的股票的年成交额占比仍然高达 21%。而更成熟的港股市场的交易集中度较高，公司市值 1000 亿元以上的股票的年成交额占比高达68%，公司市值50亿元以下的股票的年成交额占比仅占4%。对比港股，可以看出目前A股市场已经经历了较为明显的分化，但A股市场的低市值公司仍然有较高的流动性溢价。我们认为，A股市场的分化远远没有结束，A股市场“港股化”的趋势将愈加明显，低市值公司的流动性溢价将逐步丧失，大量的低市值公司沦为“僵尸股”的时代日益逼近。

系统思考当前资本市场的深层次问题

严格来讲，从2016年开始的“IPO常态化”等一系列自上而下的监管改革揭开了这一轮A股市场趋势性大分化的序幕。为了更好地理解这一轮分化，我们可以对2015年以前A股市场的几个核心要素——制度规则、核心参与方及利益驱动力进行复盘。

长期以来，A股市场的上市公司最重要的资本平台功能是融资和变现。一家公司如果IPO成功，即可获得极高的估值溢价。比如，一家公司IPO前的一级市场定价往往是当年动态市盈率的十几倍，IPO之后马上可获得30~60倍市盈率（参考当前创业板估值）。以A股市场的创业板为例，过去10年板块的估值水平远高于港股创业板、纳斯达克的水平。

此外，A股市场的流动性溢价在全球范围内领先。所谓流动性溢价，是指 A 股市场的股票交易非常活跃、流动性很好，股票很容易买卖。我们把 A 股市场和全球投资人参与的港股市场做对比，A 股市场的平均日均成交额高于港股 3~4 倍，市值 100 亿元以下的中小公司交易量差异更大，在 10 倍以上。

问题是，这么高的估值和流动性溢价从何而来？下面我们简单做一下阐释。如图 10-1 所示，第一，估值的溢价是货币管制和投资者结构散户化的结果；第二，流动性溢价是几个因素共振的结果，包括 IPO 发行管制导致上市公司稀缺、A 股市场没有做空机制，散户化的投资者结构喜欢追求弹性大的中低市值。

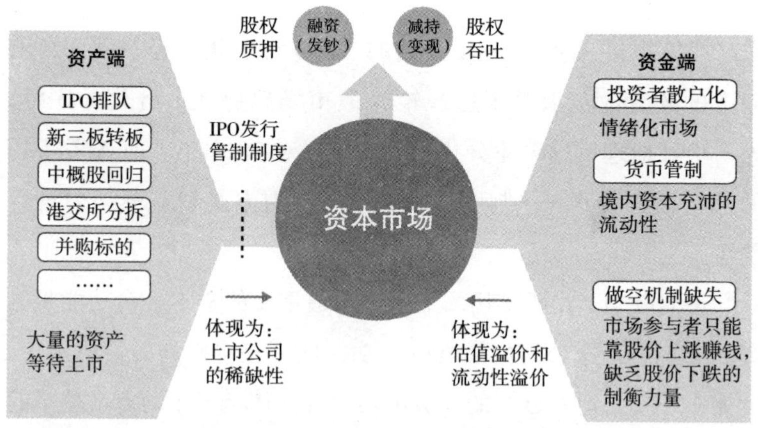

图 10-1　资本市场估值、流动性溢价形成过程

资料来源：和君集团君重资本。

正是流动性和估值双溢价使得 A 股市场的上市公司拥有了极高的平台价值。一方面，上市公司可以非常便利地高估值融

资，快速做大资本金，开展新业务投资；另一方面，由于股票是流动性极强的“硬通货”，这使得上市公司既可以通过发股完成并购的交易支付，也可以通过发放股票期权等激励方式吸引关键的技术人才。只要公司符合监管要求，同时市场上有人愿意出资，从理论上讲，上市公司就可以持续不断地从资本市场获得股权融资。

对于那些没有机会上市的公司，它们可以通过并购或“借壳”的方式完成资产证券化，进而将自己没有流动性的股权换成上市公司的股票。这对于资产方是一个变现的过程，对于上市公司则是一个利用A股市场的估值和流动性溢价进行高市盈率估值对低市盈率资产进行产业整合、资源聚合，甚至是资本投资的机制。

A股市场几千家上市公司利用资本市场的泵血机制获取巨量的资本和资源，拉动产业资源、技术、人才跟进。如果上市公司能把这些资本和资源有效地转变为其在产业上的竞争优势和业绩产出，就会强化资本市场对它的认可，进一步吸引更多的资源跟进，形成良性的产融互动循环。A股市场的流动性和估值溢价则进一步强化了这套资本市场泵血机制。

分化是多种力量共同作用的结果

目前来看，整个A股市场的分化力量，主要体现为以下4大方面。

1. 制度分化

当前的中国资本市场改革进程将 A 股市场推到了一个历史性的窗口。2019 年发生的 3 件事更是标志性地强化了 A 股市场估值体系的分化趋势。这 3 件事分别是科创板设立、新三板改革以及《中华人民共和国证券法》(以下简称《证券法》)的修订。

事件一：科创板设立。科创板被誉为 A 股市场注册制的问路石。毫无疑问，科创板是 2019 年 A 股市场的主线，其执行效率、开放程度都是中国证券历史上少有的。从某种程度上来说，科创板的快速推出体现了管理层在推进 A 股市场注册制上的决心。作为注册制改革的试验田，科创板在制度层面上的诸多设计在一定程度上可以作为 A 股市场整体改革的风向标。

上海证券交易所（以下简称“上交所”）官网披露信息，自 2019 年 3 月 22 日科创板首家企业获得受理以来，截至 2019 年年底，科创板共受理企业 202 家，召开 53 次审议会议，审核了 114 家企业科创板 IPO 申请，其中有 109 家科创板企业过会，70 家已成功登陆科创板，创造了 A 股市场多个第一。这些创新代表着 A 股市场更加开放的改革方向。其中，登陆科创板的企业包括：第一家同股不同权上市企业——优刻得；第一家红筹企业 / 第一家以港元为面值的公司——华润微电子；第一家亏损上市企业——苏州泽璟制药；等等。2019 年 7 月，科创板正式开板，全年的发行数量、发行规模均远超存量板块。

同时，与科创板“史上最严”退市制度相呼应的是 A 股存量上市企业也迎来了史上最严格的一波退市潮。以科创板为例，中国资本市场充分体现了“宽进宽出”的整体监管思路和改革方向，即对标成熟资本市场的方向，又渐进式地匹配中国国情。

事件二：新三板改革——资本化新通道。新三板作为多层次资本市场的代表之一，在经历了 2015 年的疯狂和过去几年的黯淡之后，终于在 2019 年迎来政策红利。2019 年 10 月 25 日，证监会宣布启动全面深化新三板改革，明确重点推进 5 项改革措施。其中最引人瞩目的当属精选层的设立，尤其是关于转板制度的规定。

注意其中的关键词“证券交易所”，它代表的是精选层挂牌企业可直接向交易所申请上市交易。这相当于新开设了一个窗口来受理新三板转板，而不用像以前一样退市重新排队。这明确了新三板的定位，确认了新三板和主板之间的递进关系，保护了新三板的存量利益，激活了板块活力。根据《全国中小企业股份转让系统分层管理办法》，精选层选用了类似科创板的上市标准，推出了“市值 + 财务标准”4 套挂牌标准。新三板的改革也在向实质性的注册制方向探索。

截至 2019 年年底，新三板挂牌总数为 8953 家，其中创新层为 667 家，有超过 200 家创新层企业符合精选层挂牌标准，而精选层挂牌企业可直接申请转板，这打通了 A 股市场的全新上市通道，新三板将成为 A 股市场扩容的重要标的池。

事件三：《证券法》修订——全面推行注册制。本次《证券法》修订历时之漫长、过程之曲折，是中国立法史上罕见的。从2015年4月的"一读"到《证券法》修订落地，整个过程经过了4轮审议，耗时长达4年半。2019年12月28日，第十三届全国人民代表大会常务委员会第十五次会议第二次修订《证券法》通过。本次修订是自1998年《证券法》颁布起的第二次修订，修订后的《证券法》终于落地，资本市场的"根本大法"焕然一新。本次修订以全面实施注册制为背景，成为资本市场改革的里程碑事件。新《证券法》不再像三审稿那样，实行注册制和核准制的双轨制。它在总结上交所设立科创板并试点注册制的经验的基础上，按照全面推行注册制的基本定位，对证券发行制度做了系统性的修改和完善。

新《证券法》取消了发行审核委员会制度，明确证券交易所等可以审核公开发行证券申请，并规定了证券公开发行注册的具体办法。按照目前的发行节奏和注册制推进的程度，未来几年A股市场上市企业的整体数量将进一步增加，预计到2024年，A股市场的上市公司数量将达到5000家。长期以来，A股市场的流动性溢价和高估值都建立在上市企业稀缺的基础上。注册制的逐步推行，实际上增加了上市公司的数量，降低了A股市场上市公司的稀缺性，同时也引导了资本市场的预期。A股市场估值体系的分化仍将继续。

注册制在如火如荼地推行，这代表了资本市场改革的方向。与此同时，我们也需要冷静。即使确定了发行体制改革的方向，监管的有形之手也会控制发行的节奏。在相当长的一段时间内，真实的发行应是在绝对的注册制和绝对的核准制中间寻找平衡的结果。

2. 业绩的分化

资本市场的称重机效应开始出现，具体表现为以下几种现象。

现象一：上市公司的业绩增速剧烈分化，其表现在过去几年堪忧。从整体盈利能力来看，收入端受经济增速放缓压力的影响，费用端因房租、人员工资上涨而提高，导致 A 股市场整体净利率在 2018 年出现下滑现象，而在净利率下滑的背后，是不同市值的上市公司的盈利能力出现的明显分化。

不同市值上市公司的净利率在过去几年严重分化。截至 2019 年第三季度，市值 1000 亿元以上的公司的净利率接近 20%，而市值 30 亿元以下的公司的净利率仅为 4%。与净利率的分化趋势一致的是净利润的增速。2018 年，受经济增速放缓压力的影响，A 股市场整体净利润与 2017 年持平，但不同市值体量的上市公司的净利润增速分化严重，整体呈现公司利润增速与公司市值正相关的特点。

从图 10-2 的数据中我们可以看出，市值为 300 亿元以上的公司，2017—2018 年净利润持续保持增长，复合增速为 12.7%；市值 100 亿 ~300 亿元的公司的净利润 3 年复合增速为 13.2%；

市值 100 亿元以下的公司的复合增速则为 – 41.3%。

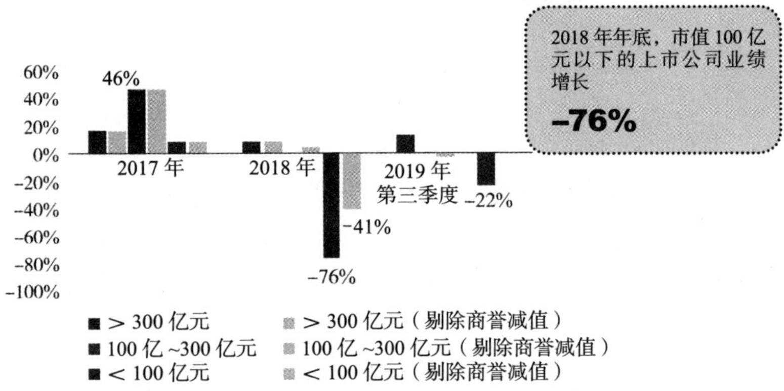

图 10-2　不同市值上市公司业绩增速分化（2017—2019 年第三季度）

数据来源：Wind，和君集团君重资本。

2018 年 A 股市场整体净利润同比增长为 0.43%，而市值 300 亿元以上的公司整体净利润同比增长 9%，高于 A 股市场整体水平；市值 100 亿 ~300 亿元的公司整体净利润同比增长 0.72%，而市值 100 亿元以下的公司整体净利润同比下降 76%，剔除商誉减值因素后仍然下降 41%，这其中还叠加了过去几年外延式并购因素的影响（后文详述）。

以下两个因素造成了 A 股市场上市公司业绩增速的分化。

第一个因素，供给侧改革和金融系统去杠杆等大环境的变化，是 A 股市场上市公司业绩增速分化的大背景。由于这一轮供给侧改革，国有制造业、化工能源等大型企业的资产负债表得到显著修复，盈利能力大幅提升。同时，金融系统“瘦身”，给过去几年加杠杆的中小民营企业带来资金链的巨大挑战。在去杠杆过程中，中低市值上市公司的大股东出现集体爆仓现象。皮之不存，毛将焉附。上市公司大股东作为企业经营的操盘者都自顾不暇，从而进一步加剧了上市公司的经营困难。

第二个因素，一些大型产业进入产业整合和产业加速集聚的阶段。一方面是这些产业的龙头企业经过多年积累，在行业内拥有深厚的品牌影响、专有技术和渠道资源，它们分享了行业成长的大部分红利；另一方面是产业周期和金融周期让中小企业出清，龙头企业借此进一步扩大了市场份额。

现象二：商誉之“雷”主要集中于中低市值公司。值得一提的是并购重组的影响。在从 2012 年开始的并购浪潮中，并购成为中低市值公司业绩增长的重要方式。以创业板为例，2014—2017 年外延并购快速增长，外延并购利润占整体利润的比例从 2013 年的 6.5% 大幅跃升至 2017 年的 44.7%。

与利润表相伴的是资产负债表中的商誉增长。A 股市场整体商誉从 2013 年的 0.22 万亿元暴涨至 2019 年第三季度的 1.39 万亿元，占上市公司净资产的比例从 2013 年的 1.07% 提升至 2019 年第三季度的 3.1%。随着 2014—2017 年并购浪潮逐步结束，大部分并购标的对赌期结束。中低市值公司的业务整合普遍存在困难，被并购公司的净利润下降导致商誉减值的风险不断积累。A 股市场商誉减值规模从 2013 年的 16.82 亿元暴增至 2018 年的 1666.65 亿元。其中市值 100 亿元以下的公司是商誉减值的主力。以 2018 年为例，全年 A 股市场整体商誉减值 1666.65 亿元，其中市值 100 亿元以下的上市公司贡献 1353.04 亿元，占比高达 81%。

截至 2019 年第三季度，A 股市场整体商誉高达 1.22 万亿元，商誉减值仍是悬在 A 股市场上方的“巨雷”。其中市值 100 亿元以下的小公司面临的问题更加严重，其商誉占净资产、市值的比例远高于高市值公司。

现象三：中低市值公司的信用风险问题。对中小民营上市公司来说，其最重要的核心经营资源是实际控制人的个人能力和核心团队的经营能力，中低市值公司对经营的依赖性远远高于大型蓝筹上市公司。这就导致了一个问题，对中低市值公司来说，实际控制人个人的信用稳定性会给公司经营带来一定的不确定性。尤其是最近几年，由于信息传播技术与媒体的迅速发展，上市公司实际控制人的个人信用问题传导至上市公司信用问题的现象越来越多。近年来，实际控制人或核心经营团队人员的个人行为、个人信用甚至个人违法违规事件，导致公司股价剧烈波动的情况屡见不鲜，这也是中低市值或中小民营上市公司估值受到影响与产生分化的一个重要原因。

3. 投资者结构的分化

A 股市场定价权变化的时代已然到来。投资者结构是决定 A

股市场估值体系的核心因素之一。A股市场的投资者长期以散户为主。市场波动大、定价扭曲等都与投资者结构有关。诸多监管政策的推出都要考虑投资者结构，如退市制度、科创板设立等，既要考虑市场活力，又要逐步引导投资者理性投资。根据上交所、深圳证券交易所（以下简称深交所）统计年鉴数据，自2015年以来，A股市场自然人投资者持股市值占比、成交额占比以及盈利占比逐年下降。2018年，A股市场自然人投资者持股市值占比仅20%。

根据上交所、深交所的数据，2015—2017年，自然人为A股市场贡献了超过80%的交易量，但自然人的盈利占比远低于交易量水平。我们可以看到，与A股市场以散户（自然人）投资者为主相反，成熟资本市场的交易者以专业机构为主，以香港交易及结算所有限公司（以下简称港交所）为例，其专业机构交易额占比高达77%。

中国资本市场中散户参与市场的情况长期存在，大部分散户投资者听消息、博事件是其主要操作方式。随着A股市场上市公司数量的增多、资本市场有效性的提高、资本市场的开放等，散户投资者无论在信息获取还是根据信息做出专业判断上都远远无法与专业投资者相比，而上市公司股票定价是一项专业性极强的工作。因此，长期来看，散户整体的投资收益率将严重落后于职业投资群体。散户自己投资股票，不如支付一定的管理费和业绩报酬，让专业的机构投资人来帮助其理财。我们判断，散户的资金向机构集中将成为一种必然趋势。

从政策层面的引导来看，科创板在诸多方面释放出的信号非常明显——推动投资者结构机构化。主板、中小板、创业板公司IPO发行的网下认购占比为60%，而科创板提高至70%。在网上认购，即个人投资者习惯的“打新”过程中，容易出现巨额的超额认购，这时就需要回拨一部分网下认购的比例来满足网上认购的投资者（大部分为散户投资者）。主板、中小板、创业板的机制是超额50倍以上，回拨20%；超额100倍以上，回拨40%。而科创板的这一比例分别只有5%和10%，散户投资者的认购机会被极大压缩。

此外，科创板的投资者有连续20日50万元金融资产的限制，这一限制天然排除了大量的低净值散户投资者。

总体来看，无论是政策引导还是投资结果的自然选择，散户投资者在A股市场的参与比例将逐步降低，市场估值将由更多的专业的机构投资者决定，从而影响A股市场估值体系的分化。

外资持续流入，并对A股的估值结构产生深远影响。过去几年，随着中国资本市场的逐步开放，境外投资者投资国内市场成为改变A股市场估值体系的一股不可忽视的力量。总体来看，过去几年中国资本市场对外开放主要有以下4大标志性事件。

第一，合格境外机构投资者（Qualified Foreign Institutional Invest，QFII）和人民币合格境外机构投资者（RMB Qualified Foreign Instituional Investor，RQFII）的开通。2003年QFII的开通标志着A

股市场正式对外开放，2011 年 RQFII 开通，并且 QFII 和 RQFII 的额度不断提升。

第二，互联互通。2014 年实现沪股通、2016 年实现深港通、2019 年实现沪伦通，并且互联互通交易额度不断提升。

第三，降低 / 取消境外金融机构在国内金融服务公司的持股限制，2017 年将境外金融机构在国内证券、基金、期货、人身险公司的持股比例放开至 51%，且在 2020 年全部放开限制。与此同时，2017 年取消对中资银行和金融资产管理公司的境外金融机构单一持股比例不超过 20%、合计持股比例不超过 25% 的比例限制。

第四，A 股指数纳入国际指数。2018 年以来，A 股指数逐步被纳入国际三大指数体系，直接带来超过 1000 亿美元的增量资金，预计三大指数将进一步提升 A 股市场的纳入因子。截至 2019 年第三季度，境外投资者持有的 A 股市值达到 1.8 万亿元，占 A 股总市值的 3.24%，仅次于国内公募基金持股规模。

同时，在交易方面，2015—2019 年年底，北上资金①成交额占 A 股市场成交额比例从不足 1% 提升至接近 10%，其中拐点出现在 2016 年、2017 年。境外投资者已经成为 A 股市场估值体系建设重要的参与者。

---

① 在中国股市中，一般“北”是指沪、深两市，“南”是指香港股市，因此，“北上资金”就是指从香港流入沪、深两市的资金，同时内地也有流入香港股市的资金，而这个资金被称为“南下资金”。——编者注

与境内散户投资者的风格不同，以基金为主的境外投资者更为理性，他们优选蓝筹集中持股。在境外投资者的仓位配置中，其在市值 1000 亿元以上的公司配置高达 65%，其中 A 股市场市值前 10 个股仓位高达 36.58%。个股方面，境外投资者更青睐以贵州茅台、中国平安为代表的蓝筹公司，低市值公司基本被忽略。这些投资者拥有全球视野和成熟的资本市场投资经验，他们对估值定价具有深刻的理解。他们倾向于选择持有 A 股资本市场上最有竞争力的资产。相较于全球的其他资本市场，中国资产的成长性和估值水平都更具优势。在一定程度上，北上资金的持续扩容和他们对核心资产的持续参与，影响了 A 股市场的整体估值风格，拉动了资金链条向大蓝筹倾斜。

外资的持续流入带来了以下几个方面的影响。从估值的角度来看，2019 年外资成交额占比高达 8.8%，足以影响 A 股市场的日常估值。从价值判断的角度来看，随着外资进入门槛的不断降低，A 股市场正逐步被纳入全球估值体系，A 股市场资产估值正逐步对标全球同类资产，理论上其估值将更加理性。从交易角度来看，部分国内投资者跟随外资进行交易，无疑进一步增加了外资对 A 股市场的定价权。因此，我们可以看到，自 2016 年、2017 年外资流入拐点出现以来，A 股市场整体估值相对于美股（标普 500 指数）由高估转为低估。

A 股市场核心资产的定价权正在悄然变化。上述多方力量参与的共同结果是，A 股市场的估值体系正在被重构。

4. 估值分化

从 2016 年开始，A 股市场的估值体系开始出现明显的分化。市值 300 亿元以上的大公司，整体估值水平从 2016 年的 27 倍市盈率略降至 2019 年的 26 倍市盈率。而中低市值公司估值中枢大幅下移，尤其是市值 100 亿元以下的公司，整体估值从 2016 年的 75 倍市盈率大幅下滑至 2019 年的 27 倍市盈率。总体来看，高市值公司和中低市值公司的估值体系回到一个水平，A 股市场结束了长达 10 多年的中低市值公司相对高市值公司的估值溢价。

我们判断，随着决定估值体系的因素进一步演进，未来低市值公司的流动性溢价将逐渐降低，其估值中枢还将进一步下移；业绩成长预期稳定的生物医药行业、机械设备行业、食品饮料行业的上市公司的估值水平与盈利增速一致性预计会呈正相关。

总体来看，过去几年，A 股市场供给侧改革加速、上市公司盈利增速分化以及投资者结构的变化共同推动了 A 股估值体系的趋势性变化。正是这些基础性因素奠定了 A 股市场的游戏规则，造就了过去 20 多年 A 股市场的核心特征，所有上市公司、机构投资者、中介机构、散户投资者都置身其中。也正是这些基础性因素的变化，正在将未来的市场塑造成为完全不同的资本市场形态。

可以预见，未来 3~5 年，低市值公司标的的稀缺性将进一步显著下降，而行业龙头企业的盈利增速的确定性、北上资金及其他机构投资者对价值的偏好将进一步引导资金向优质企业靠拢，中国资本市场的有效性将进一步提升。也许政策的变量受多种因素的影响，这个进程的演变可能会阶段性停滞甚至出现反复，但总体的趋势不会发生改变。

第 11 章　注册制下的国内资本市场趋势展望

2020 年，中国人均 GDP 已接近 1.1 万美元，中国 GDP 突破历史性的 100 万亿元大关，比上年增长 2.3%，是全球唯一实现经济正增长的主要经济体。

从资本市场角度来看，2019 年年底，上交所总市值为 4 万亿美元，港交所为 3.9 万亿美元，深交所为 2.5 万亿美元，与之相对应的是纽交所的 30.3 万亿美元，纳斯达克的 14.4 万亿美元（数据来源：Choice）。中国沪、深两市的总体量只有美国的 14.5%，算上港交所也只有 23.3%。中国资本市场与美国资本市场的差异，不仅体现在体量之差，更体现在投资者结构、上市公司质量等多个维度。

新一轮的中国资本市场改革聚焦于建立一个更加成熟、有效、国际化的资本市场，内部指向优化资源配置机制，外部引导全球范围内的资本、技术、人才进入中国轨道。

除了优化制度基础，中国资本市场改革的另一个关键目标是逐步培养一批成熟的机构投资者和一批对企业定价和金融工具运用有深刻理解的资本中介机构。随着中国金融市场逐步向全球开放，中国需要一批这样的“金融巨舰”按照价值创造的理念引导中国企业拥抱全球资本，按照国际惯例在全球范围内拓展市场、引进资源。

当前，中国资本市场的形势是在复杂环境中继续迈进。根据大量的一线调研结果，我得出了一些趋势、结论与判断。

趋势一　中国上市公司的“淘汰赛”即将开始

如前文所述，中国上市公司的分化趋势已然来临，上市公司面临的压力和挑战才刚刚开始。这关系到所有 A 股市场上市公司的未来资本选择与战略成长。对此，对新资本周期演变的观察及对策是所有中低市值上市公司关心的命题。下面我们以此展开讨论：所有公司都应该重新思考自己在 A 股市场的定位类别。

如图 11-1 所示，我们以市值为标准把 A 股的上市公司划分为 4 类：蓝筹、浅蓝、普通公司、问题公司。这样划分的隐含假设是，A 股市场整体有效，即市场的估值定价可以反映公司的基本面。市值越高的公司，公司的基本面预期越好；市值越低的公司，公司的基本面预期越差。

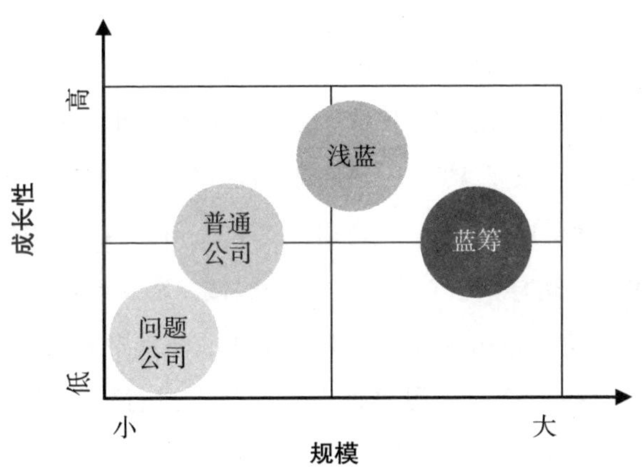

图 11-1 以市值标准对 A 股公司的分类

资料来源：君重资本。

蓝筹：典型的龙头股，市值通常在 1000 亿元以上，处于超大产业的绝对龙头地位。这样的公司在 A 股市场大概有 100 家，典型的公司有贵州茅台、中国平安、恒瑞医药、海康威视等。这类公司由全球资金共同参与，充分换手，其定价标准也对标国际资本市场。

浅蓝：天花板很高的行业中的绝对龙头，拥有不错的盈利能力和持续的成长性，具有成长为蓝筹股的潜力。这类公司在 A 股市场有 300~500 家。这类公司处于高速成长阶段，其在所处行业已经具备明显的竞争优势，属于已经“跑出来的”公司。市场愿意为其未来巨大的市场潜力给予一定的估值溢价，但也存在不小的市场分歧。典型的浅蓝公司如爱尔眼科、牧原股份、绝味食品等。

普通公司：大量中低市值公司属于这一类，这类公司的市值通常不超过 100 亿元，属于细分行业的优秀公司。它们大多拥有十几年的经营历史，具有一定的成长性，但行业的天花板非常明显，属于典型的小行业、大公司。这类公司在 A 股市场有 1500 家甚至更多。这样的公司要想再上一层楼，需要产业内出现足够好的机遇，同时公司领导者要有不错的战略视野和相当的魄力，愿意放手一搏。这类公司要想在产业链上进行延伸甚至跨界扩张，则需要面对更多的挑战，如战略模糊、组织的迭代和创新、投资并购的风险等。本质上，这些公司的领导者需要从原来的单打独斗中发展出一个更为立体的组织体系，以此支持公司面对更加复杂的市场环境、处理更多维的经营命题。这类公司如果抓住了产业机遇、具备企业家团队的拼搏精神等，也有可能升级为浅蓝，但大部分公司都很难实现跃进。成为优秀的普通公司，是大多数这类公司的宿命。

问题公司：A 股市场中这类公司也不在少数，其突出特点是主营业务不突出或主营业务增长乏力，战略方向迷失，多次战略突围未果或多元化并购后留下大量问题，部分公司大股东甚至存在严重的债务问题而自顾不暇。这类公司的市值通常低于 50 亿元甚至30亿元，且不在少数，预计超过1500家公司处于这个区间。在注册制稳步推进的过程中，从长期来看，这类公司最为危险，其在市值上长期难有起色，最终面临重组退出或退市自然出清。

以上4个分类虽然不是很严谨，但是多少能够说明一些问题。

我们对蓝筹、浅蓝类的公司不作过多讨论。优秀的普通公司需要思考的是公司是否拥有发展壮大的产业机会，公司领导者是否具备二次创业的心力和体力。二次创业争夺产业高地，成功了当然能获得更大的发展，失败了则可能面临巨大的风险。现实中，绝大多数公司领导者都选择稳健徐行，因此公司很难有真正大的突破。这些公司的生命周期就是公司领导者个人生命力、创造力的投射。大部分公司都很难升级为浅蓝，优秀而普通几乎就是它们的宿命。部分生意不好的，甚至有可能沦为问题公司。届时，在某个时期卖掉公司也是一种选择。

问题企业的情况可能非常严峻，如何稳住基本面，如何“排雷”自救，都是公司领导者面临的巨大挑战。这几年，我协助不少客户做了大量的大股东纾困、产业转型、并购整合、资产剥离等工作，深知其中的凶险。如果公司领导者能在公司经营状态还不错的时候未雨绸缪，认清自己的定位，或许是更明智的选择。

A股市场上市公司的淘汰赛将全面开始，其影响将遍及整个A股市场。在目前的环境下，资本市场应先把口子放大，增加上市公司数量，全面完成资产证券化的进程，再通过淘汰过程让市场资金自由配置，让市场偏好的资产壮大，通过市场自然选择一批优秀公司，自然淘汰一批落后公司。上市公司如果不能在未来3~5年获得资金的支持，不能通过成长性完成产业的持续升级，就有可能被资本市场抛弃，最终结果很可能是这家公司的市值被低估，没有再融资能力，不再具备减持能力，也不能再享受高信用评级带来的低资金成本，其员工股权激励也将失效。这就会导致这家公司没有办法充分地享受整个资本市场的红利，可能有一天它会发现与其承受高昂的上市成本，不如主动退市。

趋势二　监管逻辑全面升级

纵观全球资本市场，注册制的有效运行必须处于全面法治化监管之下，这是成熟资本市场运行的有力保障。基于中国资本市场的过去，未来整个中国资本市场的监管体系将会全面与成熟资本市场的经验进行接轨，上市公司大股东的违约责任和成本将显著提高，这也将进一步促进中国资本市场的成熟。

从最近几年的监管案例中，我们已经能够看出些许端倪。2016年，龙薇传媒收购万家文化，收购未能成功，最后上市公司和收购方都被处罚。在这个案例中，值得我们关注的一个细节是：最终散户可以要求大股东对其进行连带责任赔偿。散户向大股东索赔，这件事的影响非常大，而且意义深远，这在中国资本市场上可以说是一个里程碑式的事件。

这表示中国资本市场将发生根本性的变化，过去十几年大股东强势的时代将要成为过去式。

万家文化、龙薇传媒分别被罚 60 万元，相关参与者每人罚款 30 万元，并且 5 年禁入市场。更重要的是一项重量级的关联处罚：2017 年 1 月 12 日—2017 年 2 月 27 日买入万家文化股票，并在 2017 年 2 月 28 日后继续持有或卖出该股票的受损投资者可以向当地法院起诉，向上市公司和相关人员索赔。相关资讯显示，赔偿总额超过 6000 万元。

这个案例不仅向我们展现了处罚的逻辑，还让我们明白了责任归属方式。该事件的几个核心影响如下。

一是监管机制和责任归属发生变化。整个国内资本市场的监管压力已经开始无缝传导给大股东。以前，散户因上市公司出问题而遭受损失，最后基本上都是由监管机构兜责。现在责任归属发生了改变，转变为“大股东兜责”，甚至是谁不遵守规则，谁因为违规让散户遭受损失，最后就由谁买单。仔细研究，我们就会发现，其实很多行业的监管规则变化都将呈现这样的趋势。

二是注册制的底层责任机制正在逐步打通。那次处罚带来的一个明显的信号是，注册制正在做全面准备。注册制迟迟未落地的核心原因之一是担心居心不良的人在市场上利用规则漏洞套利。如果这个责任机制打通了，那么注册制的试点扩大很可能就会全面加速。

三是在监管取向上，大股东强势地位正在被弱化。A 股市场上市公司大股东绝对强势的时代已经过去。20年前，如果在A股市场有一家上市公司的壳资源，这基本上就是金字招牌，相当于10亿~15亿元的现金。我们一起回顾一下整个中国股市过去的生态：1997—2007年，是主力资金赚钱；2007—2017年，是大小非流通股挣钱；但是从2017年到现在，这个模式开始逐步失效。过去A股市场最受关注的股票是次新股、重组股、并购股，其实都是资产方和壳资源方在联手挣钱。现在，低市值上市公司的金融信用与5年前比已经是天壤之别了。

在科创板推出时，政府明确指出中国资本市场改革要参考国际惯例。美国证券市场在保护中小投资者利益方面是非常严格的，如果谁在证券市场上违规套利，那么“谁违规，谁兜底”，处罚力度很大。如今，整个中国资本市场的合规监管力度史无前例。

美国证券市场对大股东减持、内幕交易、信息披露都有极其严格和复杂的规则约束。美国《144号条例》对上市公司大股东减持有一系列限制，包括锁定期、抛售前的披露报备、防止中介机构利益输送等。

以美国当年特别有名的安然公司财务造假案为例，其CEO最后被判入狱24年，罚款4500万美元；背后协助筹划的中介机构负责人被判入狱6年，罚款2300万美元；负责的会计师事务所直接被罚破产；投资者通过集体诉讼获得了70亿美元的和解赔偿金。花旗、摩根大通、美洲银行等关联机构被判巨额罚款。

由此可见，美国证券市场对违法违规的责任要求和处罚力度非常大。在这样的国际惯例下，我们觉得龙薇传媒收购万家文化失败事件对 A 股市场的投资生态会产生以下 4 个重大影响。

第一，纯资本型的积极股东主义明显弱化。在这样的大背景下，股东的积极性会受到严重打压。从“君万之争”到“宝万之争”，投资机构的话语权被大幅弱化，中间能钻的空子也越来越少，毕竟在这种交易环境下，上市公司的套利机制已然失效，小股东很难再通过简单粗暴的装资产、搞举牌等方式偷袭上市公司。

第二，上市公司经营难度显著加大。大股东的经营合规性如何？能不能搞好企业？公司治理是否完善？这一系列问题会变成非常重要的公司经营考核标准，因为套利机制逐步失效，所以把上市公司经营好的难度进一步加大。同理，很多上市公司也会被淘汰，基本面不好的公司会越来越弱势，收购上市公司这门生意不再那么赚钱了，上市公司的估值差打法也几乎没有生存空间了。

第三，上市公司永续经营的逻辑被打破，上市公司不再拥有无限信用。A 股市场的上市公司不再是无风险资产。在套利机制失效的前提下，上市公司的无风险永续经营逻辑也不成立了。上市公司的信用不再那么好，信用流动性会被重构，未来小公司的估值很可能会越来越低。

第四，上市公司很多过去的市值维护手段都将被迭代。在新的监管思路下，现行市场上很多采用市值管理手段的公司可能会面临破产。未来上市公司持续的、阳光的市值管理方法论都会被系统升级，很多简单粗暴的玩票型的市值管理手段都将被淘汰，而且中介机构的合规压力会越来越大，甚至不排除未来出现中介机构被关联判罚的情况。

趋势三 科技资本时代来临

在当前资本制度改革全面推行之际，科技创新的资本化障碍将会被打破，中国资本市场当前的制度必然会推动市场更早地拥抱科技创新企业。如果要问我：下一个持续 5 年的确定性的商业趋势是什么？我认为确定性的趋势是“产业科技化、科技资本化”，即所有产业可能都要通过拥抱新科技实现产业效率提升。一旦企业在业务模式上实现了“大产业 + 新科技”的效率提升，全新一轮的资本化机会就会到来。“产业科技化、科技资本化”可能会是未来很长一段时间里产业升级的方向与资本热点。

为什么这个趋势临近了？多年来，国内企业的创新大多处在集成创新、整合创新的阶段，原研创新和基础科技创新的进程则比较艰难。过去，中国经济发展的状态是快速前进，直接利用整合创新抢占市场，过去不管是创业环境，还是底层的科技环境，科技创业和原研创新的市场都不太大。未来，科技创新会因为注册制的全面推行变得能量巨大。其原因主要有以下 3 个。

第一，中国的存量市场已经足够巨大。整个中国的存量经济体量已经很大，从经济发展的逻辑看，单纯追求总量的增长已经比较难，且边际成本非常高。但从目前经济总体量内部来看，我们还有大量效率提升和存量改进的机会。要进一步提升，会面临很多效率瓶颈，这些瓶颈需要以科技进步推动整个存量经济效率提升的方式来打破。

以石油行业为例，其中必然有大量的效率提升机会。在这个场景中，如果能做好能源回收、出油效率提升等，就会催生百亿元级别的市场机会。

除了石油，中国有金融、交通、轨道、电力、通信等领域的巨大存量市场，其中任何一项技术的应用或改进，都是存量效率升级的有效手段。

再者，中国是一个巨大的消费市场，有着约 4 亿中等消费人群。以高铁为例，截至 2020 年年底，中国的高铁里程数排名全球第一，从最早的日本新干线到欧洲之星，都被中国的高铁赶超，其本质是因为中国有足够大的新技术应用市场。现在，中国拥有全球超过 20% 的大数据资源，中国未来在新科技应用和突破上具备足够广阔的市场。

在终端产业孵化上，中国也具备足够广阔的科技消费市场，有很大的基数支撑科技创新完成实践和突破。

第二，中国满足产业升级迫切需求的决心达到史无前例的高度。2017 年 7 月 8 日，《新一代人工智能发展规划》发布，里面提道："到 2030 年，人工智能理论、技术与应用总体达到世界领先水平……为跻身创新型国家前列和经济强国奠定重要基础。"

随后，各个地方开始集中投入人工智能（Artificial Intelligence，AI）领域的研究，北京投资 23 亿美元建立研究中心，天津也投资 50 亿元建立 AI 研究中心。过去 5 年，中国在 AI 领域的投资占了全球的一半。

面对迫切的产业升级需求，中国非常需要用创新科技驱动各个产业的发展。

过去的跟随型战略已经不再适合中国的发展。尤其是在低端制造业、来料加工产业、微笑曲线的中下游产业，跟随战略的弊端、技术瓶颈开始显现。2018 年，中国的芯片进口金额达到 3000 亿美元，每年的增速在 15% 以上，中国购买了全球芯片产量的 2/3。中国的电子科技发展下游需求量巨大，因此中国有极强的动力去推动纵深市场的产业链升级。

中国同时也面临后进者赶上的压力，如果不完成产业链升级，很可能竞争优势会逐渐变小。

从大的产业逻辑来说，现在是中国产业升级关键的时间档口，而且这一轮升级的关键不再是用市场换技术以换取产业链中某一个环节的优势，而是实现整个产业链最关键环节的自有化和升级改造，甚至包括占据下一轮科技革命的核心技术的制高点。

第三，基础设施条件已经初步具备。经过多年的持续投入和积累，目前中国的人才和研发储备形成了坚实的基础，人们的学习曲线正在快速提高。教育部公开的数据显示，2019 年全国各类高等教育机构在学学员总规模 4002 万人，多地的平均就业率不断提高，尤其是武汉、郑州等快速发展的城市。

在基础研发、社会管理的智能化上，国家也在源源不断地投入。不管是教育信息化，还是政务信息化、金融信息化、医疗信息化，信息化的数据成为各个行业快速发展的基础，这是信息化建设和基础科技化建设的 1.0 阶段。而现在已经发展至 2.0 阶段，即围绕整个基础的数据存储信息化进行数据管理效率的提升。中国即将启动 3.0 阶段，核心是在最关键环节和底层系统逐渐完成技术突破。

经过 20 年的资本市场发展，中国已经形成了一个极其庞大的二级市场、私募股权市场和一个更加庞大的银行市场。整个虚拟经济体系不断催生各种独角兽公司，2019 年，中国首次超过美国成为全球独角兽公司最多的国家，全球占比超过 45% 的共计 400 家独角兽公司在中国。虚拟经济无法直接带来产业升级，但是产业升级离不开虚拟经济的支持。尤其是科创板、创业板以及新三板的改革，都在循序渐进地推动资本市场的进一步完善。

可以说，没有科技创新能力的企业，寻求资本化的道路可能会非常漫长。资本市场的改革给处在产业转型与升级背景下的中国科技创新点了一把火。

趋势四　又一轮公司“证券化”浪潮

自2019年进入新一轮监管宽松期以来，从《上市公司重大资产重组管理办法》修订，到2020年发布的新版《上市公司非公开发行股票实施细则》，政策红利不断扩大。监管的重点是鼓励上市公司融资，毫无疑问，2020年是再融资大年，是非常好的机会窗口。

我们用一组数据来描述一些客观事实。2014—2018年，创业板735家公司的整体净资产累计增加值为9035亿元，其中74.19%来自资本市场的股权融资，仅有25.81%来自净利润的增加。主板的情况略好，2014—2018年，主板1933家公司的整体净资产累计增加值为16.94万亿元，其中52.63%来自资本市场的股权融资，47.37%来自净利润的增加，这里的股权融资包括了重组并购。这背后反映出A股市场上市公司价值的创造（用净资产衡量）主要依靠资本市场的融资功能，而非产业经营的盈利完成。从这个角度看，A股市场任何一次融资的窗口期，都是上市公司做大资本规模的好机会，也是存量股东特别是大股东获益的机会。

但从资本运作角度看，有以下2点需要注意。

第一，上市公司蓬勃的发行热情，很可能带来一波申报高峰，这不仅对券商、投行的产能提出了挑战，而且很可能在证监会形成短期的“再融资小堰塞湖”。那么，募投项目不够规范、单纯以套现为目的项目，将会在众多发行项目中被迫挤到队伍的末尾。

第二，在整个上市公司大分化的背景下，投资者的关注点同样两极分化。同样是 8 折定增机会，投资市值 300 亿元的上市公司与投资市值 30 亿元的上市公司相比，研究成本类似，但投资规模差距很大。低市值上市公司获得批文容易，但发行成功并不容易。

2013—2017 年并购重组浪潮的后遗症逐步显现。不少公司内部的业务整合压力巨大，只能以巨大的商誉减值还原真实的业务状态。以“并购”支撑的上市公司的业绩增长、推升股价的逻辑被资本市场抛弃。2019 年，市场上已经出现大量并购后股价不涨反跌的案例，其中部分股票跌幅巨大。并购推动市值上涨的逻辑失效，倒逼上市公司回归产业升级。作为上市公司成长的重要方式之一，并购也正在进入全新的发展周期。

未来，上市公司的并购重组会更加理性，会更多地基于公司战略的相关领域进行延伸。单纯依靠上市公司的壳价值试图实现跨界并购整合以完成公司价值重构的做法越来越难以成功。真正大量级的产业性并购整合会逐步出现，深度的产业聚焦和理解、全球化的视野和资源、合理的交易技术是新一轮上市并购重组的关键。

随着 A 股市场的分化，制度套利的潮水开始褪去。那些打着市值管理旗号、依靠二级市场套现的机构的操作空间越来越小。同时，依靠并购重组重构上市公司股权价值的投行套利也越来越困难。

大量的A股市场上市公司依然面临经营突破、战略探索、组织迭代、商业模式重塑等产业经营命题，同时也面临资本周期研判、监管政策把握、资本工具选择、资本结构设计、战略股东资源整合、并购重组评估、股权激励设计、大股东资本吞吐时机选择和融资安排等资本经营问题。这些都是着眼于产业运营和资本运营的真实需求，是企业领导者、高管的痛点，是真正能创造价值的工作。

可以确定，未来5年中国资本市场将面临一轮新的资本化浪潮，要把握机会、乘风破浪，公司资本战略的顶层设计就变得尤为重要。一味地拒绝、抗拒、抵御、否定资本，这一定不是一个有前途或有长期产业理想的公司应该有的心态。

未来5年，整个中国资本化的浪潮将以坚定的态势向前推进，我们可以得出这样一个确定的结论：一个更高阶、更稳健、更全面的资本运作时代即将到来。这对所有的公司来说，挑战与机会并存。甚至可以说，未来哪些上市公司、产业集团能够构建起更优的资本结构或资本运营效率，哪些上市公司、产业集团就将获得未来长期的竞争力和可持续发展能力。

在这样的趋势下，公司资本战略的顶层设计能否基于未来的产业资源、资本资源进行重新组合，就变得尤为重要。前文我们提到的小米、特斯拉无一例外，甚至你会发现，一家企业在资本上能够想得清楚、客观、全面，不但可以提高战略执行的保障度，而且能够完成资源整合的落地，甚至能够规避风险。我们看了这么多上市公司资本运作失败的案例后发现，其中大多都是因为在资本战略的顶层设计上过于冒进，所以资本战略最终不仅要帮助企业完成顶层设计并腾空而起，更要帮助企业把控风险、守住底线。

趋势五　资本合伙人的黄金时代已然到来

因为注册制的全面推行，资本运营效率对企业的长期发展变得史无前例的重要，最终这种效率的提升必须由具备适当能力的人才来完成。培养出围绕企业可持续发展的有资本经营能力的人才，是未来大型集团以及未来高速成长的创业企业的必由之路。

在过去供不应求的市场环境中，创业最关键的两个角色是销售总监和生产总监，因为把东西生产出来后，只要能卖出去，这家企业就能持续成长。但在供过于求、以创新经济为导向的现行市场环境中，最重要的两个角色是资本合伙人与首席人才官。因为资本合伙人能让企业获得源源不断的资金，使得企业拥有源源不断的增量资本；首席人才官能让企业持续将资本资源转化为生产资料，转化为一家企业的组织生产动力。

当前，创业环境已经发生了根本性的变化，所有企业都必须找到自己的资本合伙人。资本合伙人最核心的能力是，帮助企业完成资本市场上的资源整合与资产定价，在实现有效现金流循环的前提下推动企业进入资本化过程，对基于资本经营体系的企业成长负责。

对于资本合伙人的职业发展，我认为必须建立以下 3 个基本认识。

第一，超充沛型的流动性时代已经过去，企业未来的命运取决于其能否掌握资本流动性的输血器。在这样一个状态下，有一些利润为 1 亿 ~2 亿元的中小公司将会受到影响。资本竞争的典型结果是行业头部企业拿到过剩的资本溢价，腰部和尾部的企业基本拿不到资源。头部企业整合腰部和尾部的企业是未来典型的成长方式。资本是产业变迁非常重要的因素，对产业趋势，顺昌逆亡。

第二，企业领导者构建自己的资本能力已经迫在眉睫。企业一定要找到资本合伙人，“柳青”是绝大多数企业都想拥有的关键人物。对资本合伙人来说，未来 5 年将是他们职业成长的黄金赛道，因为在整个资产证券化浪潮下，仍然需要大量优质的、能够真正与企业共同成长的资本合伙人，这不仅是指投资机构的投资经理或者投行的项目经理，更是指真正能够陪伴企业长期成长，投入自己的资本能力和资本资源，升级自己的资本认知，成为资本市场上的领先企业的资本合伙人。

第三，资本人才应找到那些有前途的企业，全身心投入，以职业生涯换取股权激励。对资本人才来说，关键是找到那些能够市值涨几倍甚至几十倍的成长性企业，注入所学知识、专业能力、职业操守、辛勤劳动，与企业一起成长、共建，陪伴企业从几亿元市值到十几亿元甚至几十亿元市值，陪伴企业度过成长的“青春期”。

第 12 章　长期展望，注册制未来已来

个人认为，资本市场在未来 10 年最重要的变化可能都将围绕注册制展开，它将影响资本市场的内在逻辑，影响企业的资本运行，同时将进一步把企业的“成长性”和“资本化”捆绑在一起。

注册制将对所有参与者的底层逻辑产生系统性影响。从逻辑角度来看，注册制带来的最直观影响是股票供给持续加大。未来 5 年，可能每年都有超过 500 家中小企业在科创板、创业板以及新三板精选层上市。这将影响整个市场各个主体的行为逻辑与选择，从而进一步加速市场自然选择，加快企业新陈代谢。

注册制对上市公司的影响逻辑推演

从上市公司角度来看，作为资产定价的核心对象，上市公司将是受注册制影响最大的主体。过去，因为上市难、退市难、流动性强，不管业绩好坏，上市公司都能够享受资本市场带来的流动性红利和资本溢价，部分上市公司就算没有好业绩，也能通过定向增发和减持以及市值的波动赚取超额的资本收益。从本质上讲，这种利益机制是为业绩不好的上市公司提供了更大的制度红利。

在过去的市场环境下，许多上市公司的首要选择不是充分发展壮大——提高市值和利润，而是利用资本市场本身的周期性市值波动获取高收益。只要有波动就有收益，而波动来自周期选择，而非来自公司成长性的兑现。

注册制即将改变的根源问题是：上市公司的资本红利归属于谁的问题。以往的审批制如同学生的高考，大学生的身份会对就业产生决定性影响，因此，谁有资格进“大学”格外重要，这甚至决定了公司的前途。但此后的情况变成了自由竞争，由市场化的阅卷评分来决定，其中更有能力的公司将获得更好的资源红利。同理，公司成长的压力由过去的证监会审批转向了投资者的市场化选择，公司 IPO 之后的经营成长压力被强化，压力传导至管理层和大股东。按此逻辑，如果企业不能持续通过成长性提升自身能力，其股票流动性价值就会衰减。这意味着过去只要上市就能成为无风险定价资产的底层逻辑被打破。这将产生深远的影响。

过去，资本市场的流动性能支撑一家公司的股票达到至少价值 20 亿 ~30 亿元的“壳价格”。只要有了壳价值，我们基本就可以将这家公司的股权视作无风险资产，从而撬动二次金融杠杆，具体方式包括股权质押、收益互换、结构化融资等，这些金融工具的底层风控逻辑都是默认这些股票有“底价”，所以金融机构可以将它们的股票打折后作为无风险资产处理。

基于此逻辑进行推演，注册制的根本影响是中低市值的上市公司不再享受壳价格的估值保护，小规模的上市公司的各种资源配置都将被重新调整。进而，资本市场对公司的估值划分将不再按照上市与否进行。前文所述的种种分化现象将会进一步加速。

基于这样的推演，我们可以设想一家上市公司的未来资本市场之路。当一家公司的利润达 5000 万元时，它就可以申请 IPO。而处于这个利润规模水平的新上市公司每年不在少数，这在一定程度上意味着平均发行价的下降。未来公司 IPO 发行时，假如估值是 15~20 倍市盈率，大约对应 10 亿元的市值。

我们继续推演，假设这家公司正好处于一个能够长期成长的潜力行业中，未来 5 年每年的净利润复合增长率都能保持在 30% 及以上，5 年后公司的利润能够达到 1.86 亿元（见表 12-1）。由于它的高成长性和业绩的稳健性，投资机构可能会持续买入。假设其估值从 15 倍涨到 30 倍，公司市值将接近 50 亿元。此时，公司若有幸找到新的成长机会，完成第二轮成长曲线的布局，每年净利润复合增长率继续以 30% 持续增长 5 年，公司的净利润将达到 5.3 亿元。

如果这个行业未来依旧值得期待（如过去 10 年的食品消费行业或移动互联网行业），这家公司可能会长期拥有 30~40 倍的市盈率空间，未来长期波动上限可能达到 200 亿元市值。

表 12-1　成长性公司 10 年指标演算

指标	基数年份	第一年	第二年	第三年	第四年	第五年	第六年	第七年	第八年	第九年
净利润（亿元）	0.50	0.65	0.85	1.10	1.43	1.86	2.42	3.15	4.10	5.33
净利润增长率		30%	30%	30%	30%	30%	30%	30%	30%	30%
市盈率（倍）	20	20	20	20	30	30	30	40	40	40
市值（亿元）	10.00	13.00	17.00	22.00	42.90	55.80	72.60	126.00	164.00	213.20

假设该公司还能通过各种资源整合方式实现净利润的进一步增长，则该公司的市值还有进一步向上突破的空间。反过来，如果该公司在成长过程中的任何一年出现利润的大幅衰减，那么这家公司的估值将面临崩盘式破坏。

从这个数据模型的分析中，我们可以推演以下几个结论。

一是公司上市会越来越容易，甚至部分怀有幻想的拟上市公司领导者，觉得自己能够拿到资本市场的最后一轮政策红利。公司未来上市可能确实更容易了，但高流动性的获取却更难了。注册制的本质是将上市和有流动性两件事情区分开来。

二是公司“证券化”的试点可能提前，规模很小的公司面对巨大的商业机会也可以选择快速上市，实现早期上市。未来，从资本化到证券化的速度将进一步加快，不少公司可能在 B 轮、C 轮融资时就可以选择 IPO，走向公开市场。亚马逊便是在市值达 4 亿美元时在纳斯达克实现了 IPO。

尽管目前在国内资本市场我们还没有看到 4 亿元市值的上市公司，但这个逻辑在未来是成立的。

三是因为过早上市可能导致溢价效应不再像过去那样明显，部分企业宁愿选择在更晚的时间，以更成熟的姿态走向公开市场。以农夫山泉为例，它足足撑到 50 亿元的净利润规模才去香港上市。公司在发展前期并不是不能上市，而是有的公司认为在上市的时间点上应该展现出一家公司最好的财务状态，如此才能充分享受资本市场的溢价，才能一次性拿足红利。

不管完成 IPO 的时间早晚，有一点是不变的，那就是公司应该充分做好准备迎接资本市场的挑战。因为上市对一家公司的资本主动性管理能力提出了更大的挑战。

在注册制环境下，拥有更专业、更优秀的团队对公司来说显得更加重要，因为这样的团队是行业中的稀缺资源，而注册制的本质就是将资金更好地配置在稀缺资源上。专业化的经营团队与资本团队会变得更加强势。资本追求高成长性，而高成长性来自强大的经营能力，强大的经营能力体现为团队强大的落地实操能力。按此逻辑，资本最终是跟着最强大的经营能力走的，一如华尔街始终愿意给马斯克的特斯拉高估值。

未来甚至可能会出现核心管理层比大股东更加强势的状况，这可能会促使中国出现一批新的职业经理人。在未来，管理层的进一步强势，体现为优质管理层整合资源和资本的能力将更加强大，具备强大的经营能力和资本运作能力的优质职业经理人团队会有更大的选择空间。而上市公司大股东或上市公司的壳资源方，在追求联合这种能力的过程中相对会变得更加弱势。一旦某个优秀的团队看上某一块资产，他们就可以联合外部资本共同实现管理层收购，而现在这样的案例已经出现在 A 股市场上。

注册制对一级市场产生的深远影响

因为二级市场对上市公司的估值逻辑产生了根本性影响，一级市场逻辑受到间接的影响，也产生了深刻的变化。这种变化源于二级市场估值逻辑和一级市场估值逻辑开始逐步接轨。

回顾过去 10 年，中国一级市场的私募股权投资，尤其是以人民币基金为代表的投资估值逻辑，本质上都是以 IPO 定价为基础进行资产价格锚定的。

一个常见的 PE 投资场景是，投资机构找到一家拟上市公司，在评估合规性和接受证监会审核后，只要未来这家公司能实现5000万元的净利润，不管它未来上市之后的表现如何，在PE投资阶段大多用5000万元乘以10~15倍市盈率完成估值。按照这个价格投入，如果3年之后该公司真的以5000万元的净利润登陆资本市场，它的估值可能会达到30亿元甚至更高（因为以前的新股估值普遍很高）。通过上市审核的前后，公司会出现一个由IPO审批制带来的估值溢价的跳跃。

注册制成熟后，上市之后的公司估值应该会越来越低，净利润为5000万元的公司估值可能只有5亿~10亿元，按照之前的投资逻辑方法和估值体系，一级市场基于Pre–IPO定价逻辑的盈利模式将彻底失效。

注册制将使一级市场的投资逻辑发生以下两个变化。

第一，如果5000万元的净利润已是这家公司盈利的天花板，那么该公司可能本身并没有过高的独立的资本化价值，未来被并购反而是更好的归宿，因为就算该公司实现了IPO也无法完成流动性的兑现。短期来看，注册制使公司上市更容易实现，长期来看，它对并购市场更有利。

第二，假如这家公司长期的盈利能力远不止5000万元的净利润（如未来几年能达到2亿~3亿元的净利润），则在注册制环境下，这类公司在上市之前估值就会超过10亿元，因为上市与否这件事对其已经不构成威胁。

一级市场的估值逻辑会彻底因为成长性而形成不同的估值体

系。而一级市场的估值体系，尤其是人民币基金的投资逻辑，会与美元基金的投资风格趋同，一级市场将更加注重被投公司的长期成长性。

假设注册制后上市要求的财务指标更加灵活，拟上市公司就应该追求长期成长性价值而非短期的财务指标达标。进一步讲，拟上市公司的短期盈利能力不再那么重要，更重要的是有长期价值创造与盈利能力（具体参考前文亚马逊的案例）。

对于长期成长性建设以及公司核心能力的打造，以及公司生意品质的提升，对短期单纯财务指标与上市合规性要求的变化，将导致两个现象：一是具备长期成长性的公司可能会优先受到资本市场投资机构的关注，因为它们代表着未来，所以参考当前净利润规模进行投资的模式无以为继；二是对于还未上市但有长期成长性的细分行业龙头公司，其估值将会全面提前二级市场化，即可能出现公司还未上市就能享受上市后的估值溢价的情况。

过去在一级市场中进行投资一直存在两个难点：一是不知道好项目在哪里，因为很多行业的信息不够公开透明；二是对于有些优秀企业，就算找到了也并不一定能够投得进去。一级市场是一个不同于二级市场的非标准投资市场，每一单投资都需要进行具体谈判；而二级市场的证券投资是标准产品，只要你看好，在交易系统上下单就能完成买入行为（如果流动性足够强）。

这就决定了在过去的投资逻辑下，一级市场投资机构的项目搜索能力非常重要，甚至可以说，能否投出好项目的核心要素就在于是否有头部公司的项目人际关系。基于我们刚才的判断，注册制会促使很多企业的证券化时间提前，很多企业的非标准的股份投资会变成标准化的证券投资。这对于投资机构的影响是，其在计算机前看年报就能找到足够多的优秀企业。这种模式对投资机构的投研能力的要求将远胜于项目搜索能力的要求，能否做好深度的行业研究形成深度的行业理解、对行业未来形成预判、知道什么样的公司能发展壮大、知道什么样的公司会有“天花板”，以上这些投资规律级别的研究能力将变成投资机构的核心竞争力。

对于投资机构，“研究能力”将比“找项目跑圈子的能力”重要得多，知道“投什么”将比“如何找到”更重要。想象一下，有一天投资机构可能不再需要华丽的装修、大量的项目人员、差旅费、绞尽脑汁的投资价格谈判，工作人员只要在计算机前做好投研工作，必要时进行实地调研，就能投出好项目，规模很小的投资管理机构也能参与投资优秀项目。从长期看，投资机构的盈利模式将会发生根本性变化，甚至投资机构的成本结构都会发生改变。

同理，以 Pre–IPO 为对赌条件的投资模式也会逐步失效，因为公司上市变得更容易，但上市了可能依旧没有高流动性，所以投资者无法退出获利。过去以上市为对赌条件的风控模式与风险转嫁机制可能会彻底失效。

未来，研究驱动、不勾兑、不靠对赌、非套利，将是投资机构长期核心竞争力建设的方向。

注册制对经营方法论的改变

这种投研逻辑的变化也会反向影响公司的经营逻辑。对成长性公司而言，短期的盈利并没有那么重要，长期的生意品质提升才是真正要考虑的战略问题。通俗地讲，是不是现在赚 2000 万元其实不重要，更重要的是如何在 3 年之后每年赚 1 亿元。这可能会对大多数公司的战略思考方式产生颠覆性的影响（有很多公司误以为战略就是快速盈利的方法），也会给公司管理团队的经营方法论带来重大挑战。

在这样的假设下，如果用注册制逻辑下的经营思维来评价公司战略，可能很多公司的考核指标都需要调整，因为它们的 KPI 无法代表未来公司的长期成长性。这种经营思维将从考核收入与净利润，间接转化为对公司的长期业务价值的考核，如对活跃用户、商业模式、用户复购等底层业务逻辑的进一步探讨。

对一级市场上的投资机构来说，它们将不能再以一套通用的财务标准快速判断一家公司是否值得投资，因为判断公司价值需要深入其业务逻辑，需要判断其未来的战略价值，而基于行业价值的判断与对企业战略成长方法论的理解就会比以前单纯对比 Pre–IPO 的财务指标与以上市规范为前提的投资逻辑复杂得多。跳出短期财务报表来衡量公司的长期成长性价值，不仅与金融和财务相关，更关乎长期投资事业。

对于那些哪怕净利润已经有四五千万元，但是已经无法进一步成长的公司，其资本选择将会变得更加单一，要么只做生意不上市，有当下但没有未来，因为上市了也没有估值优势和高流动性；要么选择与龙头上市公司合作，寻求被并购，通过和高市值上市公司的合作寻求资本流动性的定价锚定。

对于没有长期成长性的公司而言，其资本市场道路的长期资本流动性溢价将被逐步阻断。并购可能变成部分公司唯一的资本选择，众多小而美、具备产品优势、有较高竞争壁垒但是无法发展壮大的公司将走出一条更加清晰的资本成长路径。这一时间窗口可能是未来3~5年。这也构成了下一轮造富机制的底层逻辑——做出小而美、有核心优势的好产品，然后将它卖给上市公司。由此，中国版的红杉资本联手思科的并购成长模式将真正落地并逐渐成熟，甚至创业市场也会因此产生变化。

注册制加速了新业态、新经济、新科技的证券化，让这些资产出现在公开的资本市场上，相比之下，过去的新业态不再“新兴”。一个公司在新业务上一旦变得“传统”，其资本红利也将衰减。以美国资本市场为例，2015年，优步享受了整个资本市场给予出行经济的最大资本红利；但是到了2019年，Waymo的横空出世吸引了整个智慧出行领域大多数资本的关注。

这种市场化的流动性转移，将倒逼公司升级竞争能力，促使公司做出自我革新型的战略选择。因为公司一旦失去创新能力，就将失去资本溢价。这也是为什么Facebook为了布局移动互联网的即时通信领域，可以花190亿美元并购WhatsApp，这并不是情怀使然，而是资本市场倒逼的结果。如果 Facebook 不并购 WhatsApp，资本市场将会选择直接支持 WhatsApp。所以，注册制使资本市场对待行业头部企业的态度也是一样的严苛和现实。

这种态度又进一步强化了产业市场的整合。对华尔街的投资机构来说，它们直接投资 WhatsApp 不如通过 Facebook 整合 WhatsApp，因为在资本市场上，越大的公司安全性越高。资本愿意为这种并购带来的高安全性买单。

Facebook 是这样，亚马逊是这样，苹果公司也是这样。这构成了注册制资本市场的底层丛林法则——强者恒强、阶级分层。注册制就像一只无形的手，牵引着产业市场的资本脉络。

资本中介机构或将被动分层

注册制将促进中介机构能力的进一步分化，典型的领域是投资银行、律师事务所、会计师事务所。注册制会导致它们的客户规模的分化和支付能力的分化，中介机构也会因此被分为头部、腰部和尾部 3 个层次。

拥有解决复杂问题能力的顶尖中介机构，能与最优秀的上市公司为伍。但对于大多数中介机构来说，虽然因为注册制项目变得更多，但很多公司实际上本身并没有获得资本溢价，这导致它们的客户在产业上的作为也将非常有限。能否选中未来具有长期成长性的客户，成了中介机构未来能否在市场上生存的关键。

中介机构的专业化时代与专业红利即将到来。对于券商研究所、券商资本市场部这样的中介机构，未来将出现两个更显著的变化。

第一，这些中介机构能否为上市公司带来进一步的定价权效应，将决定中介机构的含金量。这些中介机构将成为这些上市公司在资本市场中的“水泵”——把资金源源不断地输送给上市公司。“定价权”决定了市场资源也会向头部的中介机构靠拢，中国也会出现自己的玛丽·米克尔（Mary Meeker，美国“互联网女王”，华尔街证券分析师）。

第二，优质的资本市场中介资源将更加集中，发现优质资产的能力将变成稀缺能力。优秀的中介机构更倾向于发现更优秀的资产，尤其是那些具备持续成长性的、能够穿越市场自然分层的潜力型资产。按此逻辑，未来优秀的分析师、资本的操盘人、律师、证券承销商、董秘将会变得更加抢手。

投资者生态将因注册制发生颠覆性变化

我们认为，注册制对投资者结构的影响在不同时期会有不同的表现。从短期来看，注册制会促使资本市场上的新增资产增加，散户将更加活跃；但从长期看，投资者结构将经历去散户化的过程。

纵观全球成熟资本市场，全面推行注册制之后最大的变化是非专业投资者盈利难度的加大。40 年前，日本证券交易市场有众多的证券投资顾问公司，后来，这些公司要么破产，要么转型为基金投资顾问公司，这背后的原因是随着证券市场的逐步成熟，直接参与证券市场的散户投资者可能会变少。这些散户投资者在家庭理财师的建议下会选择购买各种基金产品，这使得在注册制的长期作用下，专业资产管理公司的资金管理规模进一步扩大。

注册制将给中国资本市场带来深远影响，但需要说明的是，注册制的影响肯定不是一步到位的，它会在一个漫长的周期中逐步演进。而这个演进过程就是中国资本市场逐步走向完全成熟的过程。这种成熟的过程，可能很难用具体的时间节点来划分，它可能会是反复的、融合的、渐进的。当某一天我们能够真正感受到某些微妙细节时，可能我们已经身处其中。

这一天迟早会到来，资本市场的新时代也将随之到来。

后 记

每一次市值的涨跌，其背后都有一段波澜起伏的产业与企业故事。

对企业成长而言，资本积累难以一蹴而就，业务逻辑也存在诸多“变”与“不变”。这些年，我们通过对资本市场的观察、理解与实践，不断完善我们的方法论。

在资本市场与企业成长中，有两条原则是不变的。

一是资本永远追求更优秀的企业家，找到成长中的、还没有崭露头角的企业家显得尤为关键和必要。

二是资本的成长必然依赖于企业的成长，寻找、识别足够多的优秀企业，是投资银行、咨询机构等的本职工作。

要落实这两条原则，以下 3 种能力很重要。

第一种，深度思考的能力。所谓深度思考，就是建立一套逻辑方法并提升思维能力，穿透本质认识问题，想清楚一般人想不清楚的问题。这又可以分为 3 个部分：一是将未来的事情看得更远；二是将细节看得更深入；三是将社会规则看得更透彻。

第二种，树立正确价值观的能力。价值观就是一个人的价值取向。所谓正确的价值观，就是能明辨是非，懂得价值取舍，能坚守正道、持续奋斗，能真实地面对自己、面对他人、面对结果、面对事实，做到知行合一。

第三种，链接的能力。要找到未来的优秀企业，除了要掌握识别人才、识别项目、识别赛道的方法，更重要的是知道如何寻找、链接它们。而寻找与链接也是有方法论的。

2016 年，我成立了君为科技，当时就定下愿景，要让君为科技成为寻找中国产业成长机会的实践者，参与中国的产业成长。当时，我问自己："如果要寻找一个收益率超过 100 倍的项目，应该怎么做？"

从大的逻辑框架来说，能够完成百倍成长的企业都是十万里挑一的，要找到这样的企业除了靠缘分与运气，更重要的是理解"大数定律"。从理论上说，如果能有效连接 10 万名职业经理人及高管，同时叠加正确的投资研究方法论，就有很大概率找到这些高潜力的优秀企业。

如果要连接 10 万人，一般而言有几个方法。

一是首先连接 100 名职业经理人的"人际关系超级节点"。每个行业里都有这样的人，他们人情练达，关系四通八达。通过各行业里的这种人际关系网络的超级节点，每个节点可能分别覆盖 100 名这个行业的高管与创业者，再通过这些高管与创业者分别认识他们所在行业的 10 名企业家和创业者，最终连接 10 万人（100×100×10 ＝ 10 万），再借由大数定律筛选出百倍成长企业。

二是通过某一个共同关注的话题，通过互联网借由某类产品串联与自己有共性的人。其中，某类产品可以是一个方法论、一种思想、一本书、一套理论。在正向或逆向的筛选链接中，让这些关注企业成长话题的人思考同样的问题，形成网络乃至社群。我们可以从 10 万人中筛选出 1000 家高潜力成长企业的企业管理者，与他们共同论证探讨、共同成长，最后选择 100 家企业一同实践产业成长，最后就可能有 2~3 家企业成为百倍成长企业。

就概率而言，一旦连接的数量足够大，方法论能持续迭代优化，辅以长期积累，同时保持知行合一、真心诚意，找到百倍成长的企业是有可能的。

基于以上逻辑，我们推出了“高手知路”公众号，专注于中国产业成长机会的深度研究与商业实践方法论的探索，连接了一大批关注企业成长与经营的职业经理人等高端人才。通过知识付费的方式，我们每周分享通过商业一线调研、观察、访谈、思考得出的最新内容，旨在通过企业经营的方法论寻找、连接、识别那些正在思考企业成长突破的企业管理者，与大家共同成长。

如今，君为科技已经成为一家以“知识付费 + 咨询投行”为核心业务的新三板挂牌企业，长期专注于成长性企业的“重度资本运作”咨询，以“Co-building”和“In-house”咨询服务为模式，成为成长性企业二次创业、转型升级、产融互动成长升级的

“资本合伙人”，并构建了一个以企业成长为核心的超过 10 万名企业管理者用户的社群。我们希望成为一家能够分享企业成长方法论的、具备产融互动资本经营实操能力的实业型人才企业：从发现“黑马”到培育“黑马”，助力成长性企业全面崛起！

欢迎各位加入我们！